KB092925

말 잘하는 리더?
잘 말하는 리더!

Speech

스피치 스킬을 넘어서
품격을 올리는 리더의 언어

말 잘하는 리더?
잘 말하는 리더!

민승기 지음

Leadership

나비의 활주로

■■■ 시작하는 글

이 책은 저의 아홉 번째 책입니다. 리더십의 본질과 리더의 언어를 연결한 이 책을 준비하면서 저는 두 가지 원칙을 세웠습니다.

첫째, 현학적으로 포장하려고 애쓰지 말자. 그래서 곳곳에 일상적인 생활 용어를 그대로 쓰기도 했습니다.

둘째, 분량에 욕심 내지 말고 꼭 쓸 말만 쓰자. 이전의 책들과 비교하면 가장 짧은 분량으로 구성을 했습니다.

이 책을 쓰기 시작할 무렵 우리 사회에 커다란 이슈가 있었습니다. 학부모의 악성 민원에 시달리던 선생님들이 연달아 극단적 선택을 한 것입니다. 추모 물결이 거셌고, 정부의 대책 마련과 언론의 취재 열기가 뜨거웠습니다.

각각의 사연들이 너무나 가슴 아파서 마음이 진정되지 않은 날들도 많았습니다. 죽음을 불러온 그 악성 민원은 결국 '험한 말'들이었습니다.

마침 〈더 글로리〉라는 드라마의 열풍과 함께 한국 교육의 현실을 제대로 짚어보자는 목소리가 터져나오던 때와 맞물려서 그 파장이 더 컸습니다. 학교 폭력을 주제로 한 그 드라마의 피해자가 성인이 되어 복수를 시작할 때 복수를 도와주는 지인에게 온몸의 흔적을 보이던 장면이 떠오릅니다.

고데기로 지져진 화상과 두들겨 맞거나 찔려서 생긴 오래된 흔적을 보이면서 주인공은 흉터라고 말합니다. 그런데 그 조력자는 고쳐 말합니다, 그것은 흉터가 아니라 '상처'라고.

말은 칼이 되어 사람을 베기도 하지만 때로는 치유의 수단이 되기도 합니다. 그래서 말을 잘해야 합니다. 아니, '잘 말해야' 합니다. 특히 사회의 리더 위치에 있는 사람이라면 잘 말해야 합니다. 조직의 상사, 정치인을 비롯한 사회의 지도층, 가정에서의 부모 그리고 심지어 종교계의 성직자들도 잘 말해야 하는 책임감을 갖길 바라는 마음으로 이 책을 썼습니다.

노벨 문학상을 수상한 쉴리 프뤼돔의 〈금 간 꽃병〉이라는 시가 있습니다.

이 마편초 꽃이 시든 꽃병은
부채가 닿아 금이 간 것.
살짝 스쳤을 뿐이겠지
아무 소리도 나지 않았으니.
하지만 가벼운 상처는 하루하루 수정을 좀먹어 들어
보이지는 않으나 어김없는 발걸음으로
차근차근 그 둘레를 돌아갔다.
맑은 물은 방울방울 새어나오고
꽃들의 향기는 말라 들었다.
손대지 말라, 금이 갔으니.
곱다고 쓰다듬는 손도 때론 이런 것
남의 마음을 스쳐 상처를 준다

부채가 살짝 닿았을 뿐이지만 꽃병은 금이 가서 꽃이 시드는 지경이 되기도 합니다. 그럴 의도가 아니었다고 항변해도 시든 꽃은 살릴 수가 없습니다.

사회 곳곳에서 리더의 위치에 있는 사람이라면 부채가 살짝 닿아도 금이 가는 꽃병이 있음을 알아야 합니다. 리더의 부채는 그만큼 영향력이 있기 때문입니다. 그 영향력은 주로 말로 전달됩니다. 그래서 잘 말해야 하는 것입니다.

이 책은 스피치 책이 아닙니다. 전반부에서는 '말을 잘하는' 방법과 좋은 리더의 조건을 함께 정리했지만, 진짜 중요한 것은 후반부에 나오는 이야기입니다.

말을 잘하는 리더에 그치지 말고 '잘 말하는' 더 좋은 리더가 되어야 합니다. 죽이는 말이 아닌 치유하고 살리는 말을 하는 리더가 되자는 것입니다. 이 책으로 말하기를 통한 리더의 자신감 회복은 물론이고, 타인을 살리는 더 좋은 리더로 거듭나길 바랍니다.

2024년 새해를 열며
민승기

31여 년간 5천 명이 넘는 각계의 다양한 분들과 인터뷰를 했지만 여전히 말하는 것은 어렵습니다. 또한 서투른 나의 말과 표현 때문에 많은 사람들의 마음에 비수를 꽂았을 것을 생각하면 부끄럽습니다. 극동방송 〈굳세게 오늘도 샬롬〉 프로그램에서 '민승기 원장의 행복 나들이' 코너를 진행하며 말은 곧 삶의 시작이고 삶이 되어 돌아온다는 것을 깨달았습니다. 사람은 어떤 말을 하느냐에 따라서 삶이 달라질 수 있습니다. 분명히 이 책을 읽는 분들은 사람의 마음을 얻는 언어생활과 잘 말하는 좋은 리더가 되는 힘이 길러질 것입니다. 죽고 사는 것이 혀의 힘에 달려 있음을 알게 될 것입니다.

김성윤 극동방송 방송국장

저는 언어와 정신이 사람을 지배하고 나의 말이 잠재력을 일깨운다고 늘 이야기합니다. 또 나의 말이 기적을 만든다는 말이 생각이 납니다. 군인들은 말, 즉 명령에 의해 움직입니다. 지위가 높을수록 더욱 말의 중요성을 느끼게 됩니다. 말은 대화의 도구가 아닌 의사소통 능력이자 인간 관계의 능력입니다. 모든 것을 책임지는 리더들은 막강한 권한을 갖고 있으나 권한의 무게를 깨달은 사람만이 올바로 사용할 수 있습니다. 이 책을 통해 우리의 삶과 조직을 기적으로 바꾸는 놀라운 경험과 행복을 누리는 아름다운 시간이 되길 기도합니다. 절대 절대 포기하지 말자, never never give up 절절포.

서정열 예비역 소장, 前 육군3사관학교 교장

챗GPT와 함께하는 미래의 인재는 지식만으로는 부족합니다. 진정한 리더의 역량은 공감과 배려의 인성과 성품을 기반으로 하지 않으면 안 됩니다. 저자는 이런 리더십의 본질과 현실을 넘나들며 특별히 리더의 언어에 주목하고 있습니다. 리더의 언어를 보면 그의 삶을 알 수 있습니다. 언어는 곧 습관이기 때문입니다. 갈수록 말이 중요해지는 시대에 말하기 습관을 바꾸고 품격의 언어를 사용하는 밝은 사회를 기대합니다. 리더가 변하면 사회가 변합니다.

이영구 사단법인 더나은세상 이사장, 前 학교법인 대원학원 이사장

조직의 흥망은 결국 리더의 역할에 달려 있다는 것은 누구나 알고 있습니다. 그런데도 조직의 성과를 위해 리더가 가져야 할 진짜 자질에 대해 명확히 제시해주는 책은 찾아보기 힘들었습니다. 시중에 리더십에 대한 서적이 즐비하지만, 현실과 다소 괴리감이 있는 이상적이거나 이론적인 내용이어서 아쉬웠습니다. 그런데 이 책은 리더가 가져야 할 핵심 자질인 리더의 언어에 대해 독자들이 쉽게 다가갈 수 있게 설명하고 있습니다. 너무 이상적이거나 추상적이지 않은, 실제 현장에서 한 번쯤 경험했을 상황에 맞게 정확히 리더십의 본질을 꿰뚫어낸 책으로 작가의 오랜 기간 직, 간접적인 조직 경험과 다작의 경험으로 리더의 언어를 쉽고 즉각 활용할 수 있게 풀어낸 수작이라 할 수 있습니다.

정민홍 Ph.D, 《조직관리와 HR전략》 저자, 화승코퍼레이션 People 팀장

지난 20여 년간 기업을 창업하고 운영해오면서 리더로서 타인들과 소통하는 것은 나에게 거대한 운명적 멍에였습니다. 스스로의 치열한 노력이 때로는 나를 오히려 더 큰 좌절로 이끌기도 했습니다. 민승기 원장의 《말 잘하는 리더? 잘 말하는 리더!》는 나의 소통 방식에 대해 깊이 되돌아보게 하였으며, 진정성을 가지고 품격 있는 리더로서 소통하는 혜안을 제시해주었습니다. 특별히 중소, 중견기업을 운영하며 조직 안팎에서의 소통에 대해 고민하는 대표들에게 이 책을 격하게 추천합니다.

최승훈 ㈜인실리코 대표

CONTENTS

1부 리더의 말 잘하기

1장 좋은 리더는 말을 잘합니다

2장 좋은 리더는 품격이 다릅니다

2부 리더의 잘 말하기

3장 더 좋은 리더는 잘 말합니다

4장 더 좋은 리더는 마음을 다스립니다

1부

리더의 말 잘하기

Leader's Speech

좋은 리더는
말을 잘합니다

신이 혀를 입속에 넣어둔 이유는

아무 때나 함부로 사용하지 말라는 뜻이다.

- 양광모 《귀뜸》 중에서

아직도
횡설수설하나요?

저는 24년째 직업으로 강의를 하며 살고 있습니다. 말로 먹고사는 직업이라고들 합니다. 그래서 다양한 사람들을 만나고 대화합니다.

기업에서 리더십을 주제로 강의를 하다 보니 자연스럽게 리더의 위치에 있는 분들을 관찰하게 됩니다. 그분들은 스펙과 경험 그리고 성과로 그 자리에 올라오신 분들입니다. 그런데 꽤 많은 리더들이 생각보다 말을 잘 못합니다. 이것이 책을 쓰게 된 동기입니다. 그들의 발표나 토론을 관찰해 보면 의외로 긴장하고, 자신감 없이 횡설수설하는 경우가 많습니다. 정해진 시간에 말을 마쳐야 하는데도 시간 안에 깔끔하게 마치지 못합니다.

저는 책을 쓰고 강의를 하는 직업 덕분에 라디오 생방송을 할 기회가 많습니다. 그래서 라디오를 들을 때면 출연자의 말하기에 관심이 많습니다.

가끔은 방송을 들으면서 불편하고 제가 긴장이 될 때가 있습니다. 생방송인데 말의 핵심을 정리하지 못하고 질질 끄는 출연자를 보면 듣는 사람이 답답해집니다.

말을 잘하기 위해서는 먼저 정해진 시간 안에 무슨 말인지 확실하게 전달해야 합니다. 유창하게 말하거나 감동적으로 말하기 이전에 무슨 말인지 명확하게 전달해야 합니다. 말하는 자신도 모르겠는 말을 듣는 사람이 알아듣기를 바라면 안 됩니다.

말을 잘 못하는 분들의 말하기에는 특징이 있습니다. 문장이 쓸데없이 길고, 주어와 술어가 헷갈리며, 논점이 불분명하다는 것입니다.

예전에 개그맨 이경규 씨가 방송에서 강연을 했습니다. 연예인이라도 강연은 부담되어 긴장을 합니다. 그런데 이경규 씨의 강연은 참 멋졌습니다.

먼저 강연의 시작 부분에서 주제를 확실하게 말했습니다. 본 강연의 주제는 '꾹 참자.'라고. 그리고 자신의 경험 두 가지를 재치 있게 풀어놓았습니다. 강연을 마무리하면서 다시 한번 강조했습니다. 오늘 강연에서 말했듯이 여러분들도 포기하지 말고 잘 견디라고요.

그 강연은 세 가지가 잘되었기에 멋진 강연으로 제 기억에 남습니다.

첫째, 구조화된 강연이었습니다. 무엇을 말할 것인가를 먼저 확실하게 언급하고, 다음으로 내용을 설명하고, 마지막에 요약과 강조를 한 3단계 구조였던 것입니다.

둘째, 쉽게 설명했습니다. 어려운 표현이 하나도 없었습니다.

셋째, 전하려는 내용과 의도가 명확하게 드러났습니다. 다 듣고 나서 '그래서 뭐라는 건데?'라는 의문이 남으면 안 됩니다.

여러분의 말하기는 이런 조건을 갖추고 있습니까?

이와 반대로 우리나라 3대 기타리스트로 꼽히는 김도균

씨는 한 방송에서 전형적인 횡설수설 화법을 보여준 적이 있습니다. 어떤 이야기 끝에 김도균 씨가 부자인지를 묻는 진행자의 질문에 "어… 뭐, 그게…, 그러니까 부자라는 게…, 뭐 꼭 그런 건 아니고…" 이런 식으로 계속 말을 이어가니까 참다못한 진행자가 그게 무슨 말이냐고 질책을 했습니다. 예능 프로그램이니까 재미로 넘어갔지만, 이런 식의 화법이 생각보다 우리 주변에서 많이 발견됩니다.

횡설수설하지 않고 말하는 가장 쉬운 방법은 먼저 결론을 확실하게 표현하는 것입니다. 빙빙 돌려서 결론으로 다가가지 말고, 그냥 단순하고 명확하게 결론과 주제를 언급하는 것입니다. '한마디로 말하자면, 제가 말하려는 것은 결국, 이것을 간단히 정의하자면' 등의 말로 시작하면서 핵심을 언급하는 방식입니다. 이런 말로 시작하려면 말하는 사람이 먼저 주제에 대한 개념을 정확하게 이해하고 정리하지 않으면 안 됩니다. 말을 잘하려면 무엇보다 내용에 대한 이해와 준비가 필요한 것입니다.

저는 평소에 방송을 보면서 자막을 유심히 관찰합니다. 뉴스 제목도 관찰의 주요 대상입니다. 그리고 앵커 브리핑 등의 내용을 많이 살펴봅니다. 광고 카피도 저에게는 훌륭한 학습 자료입니다. 거기에는 한 문장 표현이 많이 등장합니다. 짧게 표현하면서 의미를 명확하게 전달하는 훈련으로 꽤나 적합합니다. 그리고 저 나름의 상황을 패러디하면서 표현을 연습해봅니다. 그러면 강의에서 강조하거나 마지막에 마무리할 때 임팩트 있게 말하는 데 큰 도움이 됩니다.

횡설수설하지 않는 사람은 대체로 쉽게 말합니다. 비유와 사례 중심으로 말합니다. 앞서 언급한 3단계 구조화의 틀 안에서 말이지요.

생각보다 많은 사람들이 복잡하고 어렵게 말하는 경향이 있습니다. 그런 표현은 이해하기도 힘들지만 무엇보다 지루합니다.

아이들이 말하듯이 쉬운 단어로 비유를 활용하여 말하는 것을 묘사라고 합니다. 묘사로 말하면 보통의 설명보다 훨씬 잘 전달됩니다. 눈에 보이듯이 구체적으로 말하는 묘사와 비유를 활용해보세요. 자신감이 붙을 것입니다.

예수님이 대표적으로 비유와 묘사로 의미를 정확하게 전

달한 분입니다. '공중에 나는 새와 들에 핀 백합화를 보라. 새 술은 새 부대에 담아라. 농부가 씨를 뿌렸는데 길가에 떨어지기도 하고 돌밭에 떨어지기도 하고 가시덤불에 떨어지기도 한다.' 등의 수많은 비유와 묘사가 성경에 등장합니다. 그 상황을 직접 목격하듯이 느끼게 하면서 의도를 전달하는 예수님의 탁월한 화법입니다. 역사적으로 최고의 성인들은 묘사에 능했습니다.

헬렌 켈러는 항해하는 법을 배우니까 폭풍이 두렵지 않다고 했습니다. 말하기도 마찬가지입니다. 어딘가에서 리더의 위치에 있다면 말하기가 중요합니다. 그런데 말하기는 재능이 아니라 능력입니다. 선천적으로 타고나기보다 후천적인 노력으로 만들어가는 것입니다.

말하기의 원리와 방법을 배워간다면 말하기가 두렵지 않게 됩니다. 중요한 것은 배우는 노력과 과정이 반드시 필요하다는 것입니다.

별것 아닌 몇 가지만 바꿔도 충분히 말 잘하는 리더가 될 수 있습니다. 말하려는 주제를 먼저 명확하게 말하기, 간결한 표현으로 정리하기, 할 말과 하지 말아야 하는 말을 구분하기, 쓸데없이 반복하지 않기 등의 원칙만이라도 지켜보세요.

작은 것이 완벽함을 만들고, 그 완벽함은 결코 작지 않다는 미켈란젤로의 말을 믿어보세요. 말하기의 작은 발걸음이 지속적으로 이어지면 당신의 말하기는 크게 달라질 것입니다.

살을 빼려거든
처먹지를 말어

청년들을 대상으로 결혼 예비학교 강의를 하면서 호감 가는 사람의 특징을 살펴봤습니다. 청년들이 소개팅이나 데이트 상대에게 호감을 느끼는 때는 언제일까요? 바로 말이 통하는 때입니다.

다른 조건들이 아무리 좋아도 말이 안 통하면 아웃입니다. 말이 통하는 관계가 오래 유지되는 것은 부부 사이에서도 마찬가지입니다. 그리고 이것은 직장이라고 다르지 않습니다.

지하철에서 심심치 않게 마주하는 장면이 있습니다. 주로 할머니들이 주인공입니다. 어떤 분이 옆에 앉은 할머니와

한참이나 정답게 시시콜콜 이야기를 나눕니다. 그런데 중간에 한 분이 먼저 내리면서 서로 잘 가라고 인사를 나눕니다. 누군가가 옆에서 저분은 누구시냐고 물어보면 대개 돌아오는 대답은 놀랍게도 "몰라, 아까 처음 만났어."입니다. 순간 웃음이 터지고 마는 상황입니다.

이런 할머니들의 대화를 살펴보면 대체로 소소한 것에서 시작됩니다. 손에 든 검은 비닐 봉다리(봉투가 아닌 봉다리가 어울리죠?)가 출발선이 되어 대화를 이어갑니다. 그 안에 뭐가 들었냐로 시작한 대화가 버섯이라는 대답에서 작년에 버섯 따러 갔다가 다친 이야기로 이어지고, 다시 무릎 관절염 이야기를 불러내어 결국 어느 병원, 어느 의사가 아주 용하다고 강력하게 추천하며 마무리되는 식입니다.

앞의 청년들 사례에서도 말했듯이 호감이 가는 사람은 이렇듯 소소하게 말이 통하는 사람입니다. 말이 통하면 상대방의 인상도 좋아 보입니다. 호감이 생기는 것이지요. 그래서 관계는 곧 소통의 문제라고 합니다. 하지만 말이 다 호감을 갖게 하지는 않습니다. 어떤 말은 오히려 관계를 깨뜨리기 때문입니다. 좋은 관계를 이어주는 호감 가는 말을 하는 사람이 되는 법은 무엇일까요?

저는 세 가지를 '강추'하고, 세 가지를 '비추'합니다. 먼저 강추하는 세 가지는 다음과 같습니다.

첫째, 상대방의 관심사를 주제로 이야기하는 것입니다. 상대방이 나의 관심사를 주제로 말하면 왠지 자신을 존중하는 듯하여 더 친근하게 느껴집니다. 그러려면 상대방의 관심사가 무엇인지에 대한 관심이 필요합니다. 그만큼 상대방을 관찰하고 관심사를 알게 되면 호감을 줄 수 있습니다.

둘째, 먼저 말을 꺼내는 용기를 내는 것입니다. 누구나 먼저 말을 꺼낼 수 있는 것은 아닙니다. 어색해서, 두려워서, 쑥스러워서 먼저 말을 꺼내지 못하는 사람도 많습니다. 뒤에서 상세히 다루겠지만 자존감이 건강하면 먼저 말을 건네는 용기도 수월하게 갖게 됩니다. 상대방에게 건네고 싶은 이야기가 있어도 용기를 내어 표현하지 않으면 소용이 없습니다. '말하지 않아도 알아요.'는 아주 먼 옛날 광고에서나 통하던 말입니다.

셋째, 자신의 이야기를 오픈하는 것입니다. 본인 이야기를 편하게 하면 상대방도 마음의 경계를 풀기 쉽습니다. 상대방의 관심사로 시작하다가 본인의 이야기로 연결하여 말하면 한층 더 깊은 대화로 이어지게 됩니다. 상대방이 탁구를 좋아한다면 어디서, 어떤 식으로 운동하는지, 어떤 라켓을 사용하는지 등으로 대화를 하다가 나는 언제 탁구를 해봤으며, 실력은 어느 수준이라고 말하면서 이어가는 방식입니다. 이때는 자랑보다는 자신의 조금 부족한 면을 말하는 것이 더 센스 있고 효과적입니다.

이에 반해 비추하는 세 가지는 다음과 같습니다.

첫째, 자기 자랑을 늘어놓는 것입니다. 자신감을 보여주는 것은 좋지만 대부분의 사람은 자기 자랑에 열을 올리는 사람은 손절각입니다. 그것은 자랑이 아니라 자랑질로 곤두박질치는 격이지요. 자기 자랑의 단골 메뉴는 지위, 재산, 학벌, 자녀, 과거의 성과 등입니다. 이런 주제는 매우 조심히 다뤄야 할 것입니다.

둘째, 상대방의 말에 무관심하게 반응하는 것입니다. 때로는 본인 입장에서 특별히 관심이 안 가는 주제의 이야기가 나올 수도 있습니다. 그런 경우에 별로 신통치 않은 반응과 리액션은 호감을 갉아먹게 됩니다. 리액션은 말 그대로 상대방의 말이나 행동에 다시 한번 액션으로 반응하는 것입니다. 모든 사람의 가장 깊은 내면에는 인정의 욕구가 있습니다. 리액션은 인정의 욕구에 반응하는 가장 적절한 행동입니다.

셋째, 무례하거나 저속한 표현을 사용하는 것입니다. 나름 친근하다는 이유로, 혹은 격의 없이 친해지고 싶다는 이유로 저급한 언어를 사용하면서 본인은 즐겁다고 분위기를 몰아가는 것은 자신의 품격을 스스로 떨어뜨리는 어리석은 행동입니다. 언어의 품격이 그 사람을 빛내고 호감을 높여 준다는 것을 잊지 말아야 합니다. 막말을 하며 친해지는 것은 철부지들이나 하는 행동입니다. 철부지는 '절부지(節不知)'에서 유래되었다는 설이 있습니다. 절기를 모르면 농사를 망치는 법입니다. 저속한 표현으로 친해지려는 것은 뭘 몰라도 한참 모르는 철부지 하수의 짓입니다.

70대 유튜버로 유명한 박막례 할머니의 한 가지 에피소드가 있습니다. 최근 할머니의 손녀가 다이어트 음식을 개발하여 유튜브 방송을 하면서 할머니에게 계속 음식을 선보였습니다. 그리고 평가를 요청했습니다. 그러자 박막례 할머니는 한마디로 평가를 해주었습니다.

"살을 빼려거든 그냥 처먹지를 말어."

얼마나 명쾌합니까? 무슨 음식을 먹어야 살이 빠질까를 고민하지 말고 그냥 안 먹으면 될 것을요.

호감을 높이는 말을 하려면 어떻게 할까 생각하기 이전에 먼저 하지 말아야 할 것이 있습니다. 바로 '독선과 독점'이라는 두 가지 독을 빼는 것입니다. 특히 리더에게 필수적인 사항입니다. 어디서나 자기가 최고라는 독선을 빼고, 말하는 시간을 독점하지 않는 것만으로도 기본 이상의 호감도를 얻게 될 것입니다. 여기에 '인정과 긍정'의 두 가지 정을 더한다면 금상첨화입니다.

조직의 리더는 호감이 전략을 이기는 세상이 왔음을 깨달아야 합니다. 지금은 챗GPT의 시대입니다. 그만큼 세상이 변한 것이지요.

설득은
이렇게 합니다

인디언 속담 중에 이런 말이 있습니다.

내 뒤에서 걷지 말라.

난 그대를 이끌고 싶지 않다.

내 앞에서 걷지 말라.

난 그대를 따르고 싶지 않다.

다만 내 옆에서 걸으라.

우리가 하나가 될 수 있도록.

간결하지만 설득력이 있는 말입니다. 리더는 구성원을 설득하는 자리에 있습니다. 팀장이 팀원을 설득하지 못하면,

교사가 학생을 설득하지 못하면, 부모가 자녀를 설득하지 못하면, 성직자가 성도를 설득하지 못하면 그 조직이나 공동체는 건강하게 지탱하기 힘듭니다.

구성원들을 설득하고 이끌어서 조직과 공동체를 유지하고 성장시키는 것이 리더의 역할입니다. 그래서 설득력은 리더에게 요구되는 필수적인 자질이고 역량인 것입니다.

제가 만나본 많은 조직의 리더들 가운데 구성원들을 설득하는 말하기 역량을 충분히 갖춘 리더는 그리 많지 않았습니다. 본인의 생각은 어떤지 몰라도, 주변인들에게 인정받을 정도의 설득력을 갖춘 분은 적었습니다. 그만큼 내 생각을 타인의 머릿속에 넣고 가슴까지 내려가도록 하는 설득력은 만만한 일이 아닙니다.

저는 직업상 여러 업종의 기업을 방문합니다. 이때 그 기업의 고위층 리더와 대화도 하지만, 그들의 메시지를 들을 기회도 많습니다. 예를 들면 제 강의에 앞서 CEO의 인사말이나 격려사를 듣는 일 말입니다. 그런데 강의 분위기를 다운시키거나 심하게는 초토화시키는 리더가 적지 않습니다. 동기부여나 설득은커녕 참석자들의 진을 빼거나 머리를 복잡하게 휘젓고 나가는 것입니다. 그런 리더가 떠난 후에 강사로서 등장하려면 억장이 무너집니다.

분위기를 말아먹는 리더의 특징을 보자면 일단 시간을 안 지킵니다. 길어도 너무 길게 끌어갑니다. 했던 말을 무한 반복하기도 합니다. 그 자리의 취지와 목적과는 전혀 동떨어진 주제를 말하기도 합니다. 본인이 하고 싶은 말만 하는 것입니다. 결국 그 자리는 일방적인 자리가 되고 맙니다.

일방적인 연설은 결코 설득력을 갖지 못합니다. 듣는 사람이 공감하지 못하니 설득력은 제로입니다. 문제는 이런 사실을 본인만 모르고 씩씩하게 나가버린다는 것이지요.

리더로서 설득력 있게 말하는 능력을 갖추려면 부디 연습하기를 바랍니다. 그 자리에 오르기까지 많은 학습과 경험이 있었겠지만 일을 잘하는 것과 설득력 있게 말하는 것은 다릅니다.

지금까지는 어찌어찌 지났는지 모르겠지만 앞으로 더 중요한 리더로 성장하려면 말에 설득력을 더해야 합니다. 물론 리더 자신이 가장 큰 설득력의 요체입니다. 사람이 싫으면 무슨 말도 안 들리니까요. 이 부분에 대한 자세한 설명은 다음 장에서 별도로 다루겠습니다.

지금부터는 설득력을 높이는 화법의 간단한 팁을 알려드리겠습니다.

설득력을 높이려면 먼저 이해를 시켜야 합니다. 이해가 안 되면 설득도 안 되겠지요. 이해시키는 가장 좋은 방법은 쉽게 말하는 것입니다. 소위 'TED형 말하기'입니다.

TED에서 강연하는 세계적인 리더들의 말하기를 들어보면 생각보다 쉽고 간단하게 설명합니다. 본인이 내용을 제대로 파악하고 있다면 어떤 식으로든 쉽게 말할 수 있습니다. 무엇보다 먼저 콘텐츠의 전문가가 되어야 컨텍스트도 잘 전달할 수 있습니다.

장황한 이야기가 잘 이해되고 설득까지 되는 일은 없습니다. 설득을 위해서는 간결하게 압축하고 정리해야 합니다. '배달의 민족'이란 기업이 이런 일을 잘합니다.

가령 출근 시간의 개념을 공유하고 설득하기 위해서 "9시 1분은 9시가 아닙니다."라고 표현했습니다. "기획자가 기획만 잘하고 디자이너가 디자인만 잘하는 회사는 망한다."
는 표현은 또 어떻습니까? 전달하고 싶은 메시지를 확실하게 정의하고 깔끔하게 압축한 표현이 설득력을 높이는 것입니다.

한때 펭수 명언이 유행했었죠?

"나는 힘든데 힘내라고 하면 힘이 납니까? 저는 힘내라는 말 대신에 사랑해라고 하겠습니다."
"자신감은 자신한테 있어요. 근데 아직 그걸 발견하지 못하신 겁니다. 그냥 거울을 보고 난 할 수 있다, 나는 멋있는 사람이다, 이렇게 생각하면 충분합니다."

이런 말들이 대단한 표현은 아니어도 훨씬 설득력 있게 들리지 않습니까? 그 이유는 상호 교감을 이끌어냈기 때문입니다. 공감하는 감정을 충분히 자극하기 때문에 끌리는 것입니다.

이성은 생각이고, 감정은 마음입니다. 이성과 감정이 어우러져야 온전히 설득할 수 있습니다. 논리가 부족해도 설득이 안 되지만, 논리만 가지고는 설득이 안 되는 것이 인간입니다.

일찍이 칸트가 말했듯이 감성적 직관이 없는 개념은 공허합니다. 그리고 이성적 개념이 없는 직관은 맹목적입니다. 설득을 잘하는 리더는 상대방이 들으면서 자기 이야기라고 생각하게 만듭니다.

24년간 강의를 하면서 느낀 것은 장시간 강의보다 짧은 시간 강의가 훨씬 어렵다는 것입니다. 초보 강사 시절에는 반대였습니다. 밑천이 부족하니까 초보 시절에는 시간이 짧아야 편했습니다. 그런데 구력이 쌓이면서 3일간 합숙하며 강의를 하면 오히려 편안한데, 30분만 강의를 해달라고 요청하면 고민이 많아집니다.

압축은 무조건 짧게 하는 것이 아닙니다. 할 이야기를 다하되 짧아야 합니다. 짧아도 묘하게 설득력 있고 여운까지 남는 강의가 있습니다.

결국은 실력과 훈련의 문제입니다. 간결하고 쉽게 설득하는 말의 압축을 연습하기 바랍니다. 커피를 마시면서 이 글을 쓰고 있는 지금 짧은 명언이 떠오르네요.

"쓴맛을 모르는 자 단맛도 모른다."

통하는
말의 프레임

'순살자이, 흐르지오, 다이파크, 통뼈캐슬.'

혹시 이런 말 들어보셨나요? 요즘 유명 건설사의 아파트 이름이 패러디 되어 부실 공사의 속성을 말해주고 있습니다. 이런 부끄러운 현실 속에서 깨달은 점이 있습니다.

무슨 일이든 뼈대가 중요하다는 당연한 사실 말입니다. 건물의 뼈대만 중요한 게 아닙니다. 사람도 뼈대가 중요합니다. 오죽하면 뼈대 있는 집안이라고 큰소리치는 사람이 있겠습니까? 그런데 말하기에서도 뼈대가 중요합니다. 뼈대가 튼튼하면 말하기에 자신감이 생기면서 실력도 늘게 됩니다.

'마천루(摩天樓)'라는 단어가 있습니다. 이것은 중국집 이름이 아닙니다. 한자의 뜻 그대로 '하늘(天)을 긁는(摩) 집(樓)'이라는 뜻입니다. 영어로도 말 그대로 'skyscraper'입니다. 우리나라 건축법에는 50층 이상이거나 200미터 이상의 높은 건물을 초고층 건물로 규정하고 있습니다. 마천루란 이런 정도의 높은 건물을 일컫는 용어입니다.

초고층 건물을 지으려면 최첨단의 신기술이 필요합니다. 내진 설계는 물론이고, 바람에 견디며 비틀림을 방지하는 등의 다양한 기술이 동원됩니다. 우리나라 최고층 롯데월드타워도 많은 첨단 기술들을 적용하여 설계했습니다.

이때 소홀히 해서는 안 되는 일이 있습니다. 바로 기초를 깊이 파는 것입니다. 높이 올리려면 먼저 깊이 파야 합니다.

말을 잘하기 위한 기초 가운데 적절한 프레임을 활용하는 방법이 있습니다. 프레임이란 틀을 말합니다. 좋은 틀, 적절한 틀, 다양한 틀을 활용하면 적어도 당황하거나 횡설수설하는 일은 막을 수 있습니다. 안정적인 말하기가 가능해집니다. 말의 틀을 여러 개 가진 리더는 상황에 맞춰서 깔끔하게 말하기가 가능합니다.

제조업에서 금형을 만드는 일은 매우 중요합니다. 금형이 노하우이고 소중한 자산입니다. 금형이 있으면 그대로 제품을 만들 수가 있기 때문입니다. 말하기의 금형에 해당하는 프레임을 갖는 것은 그래서 중요합니다.

어려서 배운 육하원칙도 프레임의 일종입니다. 회사에서 일목요연하게 보고할 때 유용한 프레임입니다. 또한 그 유명한 기-승-전-결도 좋은 프레임입니다. 이와 같이 필요한 상황에 맞춰서 적용할 프레임을 소개하겠습니다.

프레임의 특성을 각각 살려서 적합한 경우에 활용해보면 막연히 생각나는 대로 말하는 것보다 훨씬 말하기가 쉬워질 것입니다. 물론 듣는 사람 입장에서도 좋습니다.

어떤 주장을 해야 할 경우에 많이 사용하는 프레임은 PREP 기법입니다. Point-Reason-Example-Point의 순서로 말하는 것이라서 붙여진 이름입니다. 우리말로 바꾸면 주장-이유-근거-주장 순서입니다.

먼저 자신의 주장을 언급하고 그 이유를 덧붙입니다. 그리고 근거를 제시하여 말하고, 마지막에 다시 한번 주장을 하는 방식의 말하기입니다.

모든 작업은 기본에 충실해야 합니다.주장
그래야 고객에게 신뢰받을 수 있기 때문입니다.이유
부실 공사로 업계에서 퇴출된 OO 사례를 보십시오.근거
그래서 설계한 그대로 시공해야 한다는 것입니다.주장

ABC 화법도 있습니다. Affairs-Boring-Change의 순서를 말하는데, 사실-불편한 느낌-변화 요구 순서로 말하는 것입니다. 누군가에게 건의하거나 기대를 표현할 때 사용하기도 하고, 거절할 때 사용해도 적합합니다.

보고서에 들어갈 자료가 너무 많네요.사실
짧은 시간에 설명하기가 부담됩니다.느낌
가장 시급한 한 가지만 선택해주세요.변화 요구

Situation-Task-Action-Result의 순서로 말하는 STAR

기법도 있습니다. 이 기법은 상황을 정리하여 설명하거나 보고할 때 사용하면 좋습니다. 또 인터뷰 면접에서도 많이 활용합니다. 자신의 경험이나 성과를 강조할 때 유용합니다.

물류 파업으로 재고가 부족합니다.상황
당장 필요한 A부품이라도 조달해야 합니다.과제
우리 회사 트럭으로 직접 배송하도록 하겠습니다.액션
이번 주 생산 물량은 맞출 수 있습니다.결과

업무 경험이 없는 팀을 맡았습니다.상황
업무 파악과 업무 분장을 해야 했습니다.과제
업무 지원서를 받아서 개별 면담을 했습니다.액션
3일 만에 업무 파악과 업무 분장을 끝냈습니다.결과

고객을 상대하는 세일즈 분야나 중요한 프레젠테이션에서 설득용으로 적용하기 좋은 FABE 기법이 있습니다. Feature - Advantage - Benefit - Evidence의 순서로 말하는 프레임인데, 우리말로 바꾼다면 사실 혹은 특징 - 장점 - 혜택 - 증거의 순서입니다.

이번 신제품은 무게와 부피가 절반으로 줄었습니다. 사실, 특징

전보다 제품의 보관과 진열이 쉬워졌습니다. 장점

진열하는 면적과 시간을 줄일 수 있어서 알바생 누구라도 취급이 가능합니다. 혜택

옆 동네의 편의점 세 곳에서 주문했습니다. 증거

헤밍웨이의 말처럼 남보다 잘하는 사람이 되기보다 과거의 자신보다 나은 사람이 되는 것이 더 고귀한 일입니다. 구구단을 외울 때에는 지루하고 괴로웠지만, 구구단을 외웠기 때문에 지금까지 얼마나 편하게 살았습니까?

좋은 리더로서 말하기 실력을 높이려면 프레임을 외우고 활용해보세요. 바쁘고 귀찮겠지만 부디 회피하지 말고 해피하시기 바랍니다.

피드백은
짜증이 아닙니다

"배를 만들고 싶으면 사람들에게 목재를 가져오게 하거나 일을 지시하지 마라. 대신 그들에게 저 넓은 바다에 대한 동경심을 키워줘라."

생텍쥐페리의 말입니다. 리더의 역할에 대해 잘 설명하는 말 아닐까요? 기업이나 조직에서 상사가 할 일, 가정에서 부모가 할 일, 특정한 목적의 공동체에서 리더가 할 일 가운데 결코 빼놓을 수 없는 것은 바로 구성원들을 격려하고 육성하여 그들이 스스로 해낼 수 있도록 돕는 일입니다.

요즘 리더들이 하소연하는 고민 중에 '3요 질문' 스트레스가 있습니다. 사기업이든 공기업이든, 거의 대부분의 리더들이 겪는 어려움입니다. 어떤 업무 지시를 하면 많은 경우 질문으로 되돌아온다고 합니다. "이걸요? 제가요? 왜요?"라는 3요 질문이 그것입니다. 예전 같았으면 그냥 "네, 알겠습니다."로 끝났을 일인데도 거의 반사적으로 3요 질문을 해대는 MZ세대에 대한 스트레스가 이만저만이 아닙니다.

바로 이런 현실에서 리더의 피드백과 코칭 스킬은 문제를 해결하는 열쇠가 됩니다. 바다에 대한 동경심을 키워주며 스스로 하려는 동기와 실력을 갖추게 만드는 수단으로 피드백과 코칭 스킬을 활용하면 좋습니다.

리더는 하게 만들어야 할 때도 있지만, 하고 싶게 만들 수도 있어야 합니다. 관리와 리더십을 대립 관계로 인식하지 말고 보완 관계로 활용하는 것이 현명합니다. 업무를 관리하는 것은 리더의 의무입니다. 그리고 사람과의 관계는 리더십으로 이끌어야 합니다. 관리는 나쁘고, 리더십은 좋은 것이라는 이분법적 사고는 옳지 않습니다.

이렇게 구성원이 해야 할 일을 스스로 잘할 수 있도록 관리하고 리드하는 방법으로 피드백과 코칭을 활용하는 법을 알아두면 좋습니다. 지시하고 지적하며 야단치기는 쉽습니다. 리더가 구성원에게, 부모가 자녀에게, 교사가 학생에게 잘못된 부분을 지적하며 잘할 것을 요구하는 일은 쉽고도 평범한 일입니다. 그런데 그 효과는 미미합니다. 지적한 부분이 개선되고 향상되는 일은 좀처럼 일어나지 않습니다. 피드백과 코칭 상황에서 그저 야단만 치고 끝내기 때문입니다.

쉬운 사례로 훈육을 생각해봅시다. 부모의 '훈육' 하면 가장 먼저 떠오르는 장면이나 상황이 무엇입니까? 혼내는 장면, 화내는 장면, 다그치는 상황이 떠오를 것입니다. 그런데 훈육은 화를 내는 것이 아니라고 하면 이해를 잘 못 합니다. 뭔가 잘못해서 훈육을 하는데 화을 안 내야 한다니 이해가 안 되는 것입니다.

리더들도 피드백과 코칭을 배우지 않으면 단지 잘못을 지적하고 개선하도록 만드는 일이라고 생각하기 쉽습니다. 훈육과 화내고 야단치는 것을 구분하지 못하듯이 말이지요.

훈육이란 해야 할 일과 하지 말아야 할 일을 구분하여 몸에 익히도록 이끄는 것입니다. 또 피드백이란 잘못된 부분을 스스로 인식하여 개선할 방법을 찾도록 돕는 일입니다. 물론 지지적 피드백은 잘한 부분을 인정하고 강화하는 것이지만, 여기서는 교정적 피드백을 중심으로 설명하겠습니다. 왜냐하면 피드백은 주로 뭔가가 잘 안 되었을 경우에 실행하기 때문입니다.

우리나라의 리더들은 그동안 코칭과 피드백을 접해볼 기회가 적었습니다. 일사불란한 조직 문화 속에서 일사천리로 일을 배우고 해내며 살아왔습니다. 그래서 요즘과 같이 빠르게 변화하는 시대에 자율과 수평적 소통이 강조되고 일상화되는 현상이 익숙하지 않습니다. 여전히 지시와 감독이 편하고 우선시됩니다. 하지만 세대가 달라졌고, 요구와 기대가 변했습니다.

내가 편한 방식이 아니라 그들에게 맞는 방식으로 변해야 합니다. 그게 리더가 할 일입니다.

사실 피드백은 코칭의 한 부분으로 존재합니다. 짧은 시간에 일방적으로 가르치고 반복시켜 익히게 하는 티칭과 달리 코칭은 양방향으로 소통하며 스스로 해내도록 지원하는 것입니다. 그래서 코칭에서는 질문과 경청이 매우 중요합니다. 따지고 캐묻는 질문이 아니라 생각하게 만드는 질문을 통해 스스로 개선책을 찾아가도록 길을 열어주고 이끌어서 피드백으로 마무리하는 것이 코칭입니다. 일방적인 야단과 질책은 좋지 않습니다.

피드백 시 우선 상대방이 잘되길 바라는 긍정적 의도와 배경이 깔려 있다는 것을 전해야 합니다. 당사자가 받아들일 마음이 없으면 소용이 없으므로 시작 단계에서 부정적 감정을 털어내도록 해야 하는 것입니다. 그리고 관찰한 사실에 초점을 맞춰서 지금 상황에 대해 설명을 합니다. 이때 판단하거나 평가하는 말은 하지 않아야 합니다. 평가가 들어가지 않은 관찰은 인간 최고의 지성이라는 말이 있지 않습니까? 이어서 이 상황이 어디에 어떻게 영향을 미치는지를 말해줍니다.

여기까지 진행하면 리더가 할 말을 한 것입니다. 이제는 상대방이 할 말을 하도록 이끌어줘야 합니다. 리더만 일방적으로 말하지 말고, 상대방이 자신의 생각이나 의견을 말하도록 기회를 주는 것이지요. 그 이야기를 듣고 나서 리더가 다시 적절한 반응을 하면 됩니다. 마지막으로는 서로 창의적 아이디어를 공유하면서 개선 방안을 찾아가는 대화를 이어가는 것이 좋은 피드백입니다.

요즘 부모 교육에서도 자녀에게 공감을 많이 표현하라고 합니다. 그런데 주의할 것은, 무조건 공감만 해주면 안 됩니다. 소위 '왕의 DNA'라는 엉뚱한 개념이 난무하는 이유는 공감의 뜻을 오해하고 있기 때문입니다. 부모로서 공감해야 할 것은 자녀의 마음, 감정, 의도로 한정해야 합니다. 그들의 행동이나 결정과 판단까지 전부 공감하고 받아주는 것이 아닙니다. 그것은 오냐오냐일 뿐입니다.

마찬가지로 피드백과 코칭의 대화에서도 일방적인 지시나 권위적인 말투가 아니라 권유와 요청 화법이 권장되지만, 상황에 따라서는 일단 리더가 결정하고 상대에게 실행하도록 하는 자세도 필요합니다. 중요한 것은 코칭과 피드백이 단순한 지시가 되면 안 된다는 개념을 이해하는 것입니다.

지시보다는 질문하고 경청하는 노력이 동반되어야 좋은

코칭과 피드백이 가능합니다. 특히 경청은 집중력, 공감력, 분석력, 관심 표현력의 4력을 다해야 합니다. 사실 이것만 잘해도 이미 충분히 말 잘하는 리더라고 할 수 있습니다.

말하기의
레토릭

"죽느냐 사느냐, 그것이 문제로다."

아마 세상에서 가장 유명한 대사 가운데 하나가 아닐까 싶은 문장입니다. 웬만한 사람들은 다 외우고 있는 문장이지요. 아버지를 살해한 삼촌, 삼촌과 결혼한 어머니, 그리고 사랑하는 사람의 죽음 앞에서 고뇌하는 햄릿. 이런 상황을 단 한 문장으로 표현하여 온 세상 많은 사람들의 기억에 자리 잡게 했습니다.

오늘날 세계적인 작가로 알려진 셰익스피어도 결국은 오랜 경험과 연습을 통해 그 천재성을 나타냈습니다. 원래부터 손만 대면 최고의 작품을 썼던 것은 아닙니다. 타인의 문

장을 읽고 느끼며 더 나은 자신의 문장을 만들어가는 과정을
꾸준히 경험한 결과입니다.

"To be or not to be."

영어로 읽으면 그 간결함과 명확함을 품고 있는 문장의
매력이 한층 더 잘 느껴집니다. 그리고 절묘한 반복의 기술
이 보입니다. 소위 '레토릭'이라고 말하는 표현의 기술이 적
용된 것이지요.

레토릭이란 원래 '설득의 기술'이라는 의미의 그리스어에
서 유래되었습니다. 상대방을 말로 설득하기 위한 표현의
기술입니다. 우리의 기억에 오래 자리 잡고 있는 표현이나
문장들은 대체로 이런 레토릭에 능한 경우가 많습니다. 오
래 기억하고 마음에 담고 있다는 사실이 벌써 설득되었다는
뜻 아니겠습니까?

리더로서 말을 잘하기 위한 레토릭의 법칙을 배우고 활용
한다면 훨씬 노련하고 설득력 있는 말하기가 가능할 것입니
다. 이런 법칙과 사례들은 단지 말장난이 아니라 리더답게

깊이 있는 메시지를 전달하는 유용한 도구가 될 것입니다.

"해 아래 새것이 없다."는 말처럼 무엇이든 경험하고 소화해서 자신의 것으로 만들어 활용하는 능력도 중요합니다. 창의력이란 창조력과 다르게 기존의 것을 관찰하고 분석한 다음 자신의 지식을 덧붙여 새롭게 결합하는 것입니다. 리더의 말하기에도 이런 창의적 접근이 필요하다고 생각합니다.

말하기의 창의적 접근 방법에는 여러 가지가 있습니다.

먼저 대구법을 살펴보겠습니다. 이것은 어조가 비슷하거나 동일한 단어를 나란히 배치해서 운율을 만들고 강조하는 표현법입니다. "콩 심은 데 콩 나고 팥 심은 데 팥 난다."와 같은 속담에 많이 사용하고 있습니다. 인류 최초로 달 착륙에 성공한 암스트롱의 말 "이것은 한 인간에게는 작은 걸음이지만, 인류에게는 거대한 도약이다."나, 황금률로 유명한 "남에게 대접받고자 하는 대로 너희도 남을 대접하라." 등도 같은 형식입니다. 대구법을 사용하면 문장이 풍성하면서 운율로 인해 표현이 아름답고 의미도 명확해지는 장점이 있습니다.

대구법의 응용 형태로 대조법도 좋은 방법입니다. 이것

은 상반되는 문구를 앞뒤로 배열하여 메시지를 강조하는 표현법입니다. "인생은 짧고 예술은 길다. No pain no gain, No sweat no sweet." 등의 예가 있습니다. 대조법을 잘 활용한 문장은 결정적인 확신이 느껴집니다. 그래서 전달하려는 의도를 강조하고 임팩트 있게 표현할 때 효과적입니다. 길게 말하지 않아도 리더의 의도를 분명하게 전달할 수 있는 장점이 있습니다.

반복법을 활용하면 간단하면서 효과는 큽니다.

"왔노라. 보았노라. 정복했노라."

이 문장은 경쟁과 도전, 성취의 상황에서 많은 사람들이 인용하는 문구입니다. 자신의 뜻을 강조하는 데 매우 효과적이기에 비슷한 형식으로 다양하게 활용되고 있습니다. "구하라, 주실 것이요. 찾으라, 찾을 것이요. 두드리라, 열릴 것이다."의 표현도 반복법을 적용한 사례입니다.

반복법과 함께 적용하면 좋은 원칙으로 '3의 법칙'이 있습니다. 기왕이면 네 번이 아니라 세 번만 반복하는 것입니다.

가령 '자유 평등 박애, 피 땀 눈물, 국민의 국민에 의한 국민을 위한' 등의 예가 있습니다. 그 유명한 하늘 올려다보기의 사회 심리학 실험에서 밝혀진 것처럼 사람의 동조를 이끌어내기 좋은 숫자는 '3'이라고 합니다. 그래서 세 개를 활용하면 네 개나 다섯 개보다 더 설득력 있게 느껴지는 것입니다. 이제 리더로서 말할 때에는 핵심을 세 가지로 정리해서 말하는 습관을 가져보세요.

역설적 표현법도 좋습니다. 역설적 표현을 하면 우선 신선함을 느끼게 됩니다. 그리고 상대방으로 하여금 그 의미를 한 번 더 생각하게 만듭니다. 의외의 공감도 얻을 수 있어 좋습니다.

가령 '오래된 미래, 백 투 더 퓨처, 낯선 익숙함' 등의 표현이 있습니다. 그리고 "인생에는 두 가지 비극이 있다. 하나는 욕망을 잃는 것이고, 다른 하나는 욕망을 얻는 것이다."와 같은 말도 있습니다. 버나드 쇼의 해학적 문장인데, 역설의 표현으로 볼 수 있는 사례입니다.

이처럼 여러 표현법은 서로 연결하여 사용할 수 있습니다. 그러면 그 효과도 증폭됩니다. 반복법과 역설법 또는 반복법과 3의 법칙 등을 결합하여 활용하는 방식으로 표현의

맛을 더하고 효과도 높이는 것이지요. 알고 보면 "하나는 모두를 위해, 모두는 하나를 위해(One for all, all for one)."와 같은 슬로건이나 "사랑하면 알게 되고 알게 되면 보이나니 그때 보이는 것은 이전과 다르리라." 등의 명문장에서도 이를 적용하고 있습니다.

동어 반복법도 있습니다. 문장에서 강조하고자 하는 단어를 반복하는 것입니다. 마틴 루터 킹의 "나에게는 꿈이 있다(I have a dream)."는 20세기 최고의 연설로 꼽힙니다. 그 내용을 정확히는 몰라도 꿈이라는 단어의 반복으로 청중들의 기억에 지금까지도 감동만큼은 진하게 남아 있습니다. 당시 열여덟 명의 초청 연사 중에 무려 열여섯 번째 순서였는데도 청중들이 지치지 않고 주목하게 만든 비결은 '꿈'이라는 단어의 적절한 반복이었습니다.

세상에서 제일 어려운 일이 두 가지 있다고 합니다. 바로 남의 지갑에서 내 주머니로 돈을 옮기는 것과 내 생각을 남의 머리로 옮기는 것입니다. 이것은 분명 기술이 필요한 일입니다. 그 기술은 배우고 훈련하는 반복이 필요합니다.

일본의 전설적인 무사인 미야모토 무사시는 천 번의 연습을 '단(鍛)', 만 번의 연습을 '련(鍊)'이라고 표현했습니다. 이처럼 말하기의 레토릭을 반복해서 적용하며 말하기 스킬을 단련하기 바랍니다. 좋은 리더는 우선 말을 잘해야 합니다.

영화, 드라마 속의 명대사

"하수는 베끼고, 고수는 훔친다."

피카소의 이 명언은 스티브 잡스가 직원들에게 자주 말하면서 더 유명해졌습니다. 《베끼고, 훔치고, 창조하라》라는 책에서는 비슷한 맥락으로 '고수는 남의 것을 베끼고, 하수는 자기의 것을 쥐어짠다.'고 강조합니다. 무조건 남의 것을 따라 하라는 것이 아니라 남의 것을 발판으로 자기의 것을 더해서 새로운 가치를 만드는 것도 실력이라는 것이지요.

챗GPT의 시대에 AI의 빅뱅이 어디까지 진화할지 모르는 상황에서 우리도 성장하고 변화하려면 남의 것을 통해 빠르게 배우고 적용해야 합니다. MBA 과정에서의 케이스 스터디나 벤치마킹이란 개념도 결국은 모방에서 시작한 것입니다.

저는 영화나 드라마에서 감동을 받거나 깨달음을 얻는 일이 자주 있습니다. 좋은 리더로 성장하면서 말하기의 실력을 쌓을 때에도 명대사의 교훈은 훌륭한 스승이 될 수 있습니다. 특히 〈낭만닥터 김사부〉라는 드라마의 명대사가 주는 힘은 대단합니다. 리더로서 먼저 가슴에 새겨두고 구성원들에게 격려와 용기의 메시지를 전할 때 활용하면 좋을 듯합니다.

"우리가 왜 사는지, 무엇 때문에 사는지에 대한 질문을 포기하지 마라. 그 질문을 포기하는 순간, 우리의 낭만도 끝이 나는 거다."

"진짜 복수 같은 걸 하고 싶다면 그들보다 나은 인간이 되거라. 분노 말고 실력으로 되갚아줘. 네가 바뀌지 않으면 아무것도 바뀌지 않는다."

"일하는 방법만 알고 일하는 의미를 모른다면 의사로서 무슨 가치가 있겠냐."

"나에게는 짐이 아니라 힘이에요. 수쌤, 도일이, 은탁 선생… 그리고 돌담 식구들 전부."

순간순간 상황과 대상에 맞게 던지는 김사부의 명대사는 깨달음뿐만 아니라 감동으로 그 설득력을 더해줍니다.

"세상 사람들이 다 우리 진심을 알아줄 수는 없어. 그 정도로 우리한테 관심이 있지도 않고. 그러니까 우리가 얼마나 최선을 다했는지 일일이 설명하려고 애쓸 필요 없어. 그냥 우리는 우리가 해온 대로 묵묵히 쭉 가. 진짜로 의미 있는 건 절대로 사라지지 않는다, 알지?"

"화내는 게 잘못됐다는 게 아니야. 부당하면 얼마든지 들이받을 수 있어. 그런데 나이 먹고 인생이 쌓이고 그 정도 어른이 됐으면, '야, 너 왜 그러냐?' 이렇게 따져 묻기 전에 '어, 이 사람이 왜 이러지?' 헤아릴 줄도 알아야지. 헤아릴 줄 알게 되면 문제를 해결하는 방식도 얼마든지 달라질 수 있거든."

"남의 시선이 널 만들어가는 게 아니라 너의 시선이 널 만들어가는 거야."

〈이태원 클라쓰〉라는 드라마의 명대사를 통해서도 배울 수 있습니다.

"지금 한 번, 마지막으로 한 번, 또 또 한 번, 순간은 편하겠지. 근데 말이야, 그 한 번들로 사람은 변하는 거야."

맞습니다. 한 번 이동한 기준은 다시 돌아오지 않는 법입니다.

"네가 너인 것에 다른 사람을 납득시킬 필요는 없어."

이 말처럼 자신의 정체성을 확고히 하고 자존감을 지키는 삶이 중요합니다. 타인에게 해를 끼치지 않는 범위에서 자신의 약점도 포용하고 드러내는 당당함이 승화의 삶입니다.

"안 된다고, 안 될 거라고 미리 정해놓고. 그래서 뭘 하겠어요. 해보고 판단해야지."

이것은 성장 마인드셋의 전형적인 대사입니다. 이와 반대로 고정 마인드셋은 뭘 해도 안 될 거라고 생각하는 것입니다. 일본 최고의 기업인 토요타 자동차에는 '해보고 생각하라.'는 말도 있습니다.

치열한 광고대행사의 내부 경쟁을 그린 〈대행사〉라는 드라마에도 명대사가 나옵니다.

"밤에는 태양보다 촛불이 밝은 법이다."

누구나 힘이 빠지는 순간이 있습니다. 궁지에 몰려서 길이 안 보일 때도 있습니다. 하지만 그럴수록 자신을 믿고 돌아봐야 합니다. 모든 것이 완벽하지는 않아도 뭔가 방법이 있을 수 있다는 믿음을 버리지 말아야 합니다. 촛불도 태양보다 요긴하게 쓰일 때가 있으니까요.

"이끌든가, 따르든가, 비키든가."

원래 이 말은 CNN 설립자인 테드 터너의 말인데, 한 드라마에서 주인공의 사무실에 액자로 걸리면서 유명해진 대사입니다. 조직에서는 자신의 위치와 역할이 중요합니다. 확실하게 이끄는 리더가 되든지, 믿음직하게 따르는 팔로워가 되든지 해야 합니다. 이도 저도 아니면서 길을 가로막고 있다면 그저 비켜날 수밖에 없습니다.

"내용만큼 중요한 게 형식이고, 형식만큼 중요한 게 태도입니다."

중요한 프레젠테이션을 준비하며 어느 작품의 주인공이 조언한 대사입니다. 물론 프레젠테이션에서 내용보다 형식이 더 중요하다는 의미가 아닙니다. 리더로서 당당하게 형식과 태도를 갖추지 못하면 말하는 내용에도 신뢰가 떨어질 수 있으니 조심하라는 말입니다. 좋은 리더의 말하기를 학습하는 독자 여러분도 리더로서 말할 때의 형식과 태도의 품격을 높여야 할 것입니다.

영화 속 명대사로 "우리가 돈이 없지 가오가 없냐."라는 말이 있습니다. 〈베테랑〉이라는 영화에서 가난한 형사가 던진 대사인데, 요즘처럼 청렴과 직업 윤리가 강조되는 시대에 다시 한번 새겨볼 가치가 있다고 생각합니다.

〈완벽한 타인〉에 나오는 "사람과 사람의 관계가 시작되는 건 서로 다름을 인정하는 것부터다."와 〈오만과 편견〉이라는 영화의 "편견은 내가 다른 사람을 사랑하지 못하게 하고, 오만은 다른 사람이 나를 사랑할 수 없게 만든다."라는 명대사도 있습니다.

지금은 다양성의 시대입니다. 다양성을 인정하지 않으면 혐오가 되고 폭력이 되는 것을 알아야 합니다. 특히 리더의 위치에 있으면서 자신과 다름을 받아들이지 못한다면 리더로서 결격 사유가 되는 세상입니다.

리더의 언어에서 다양성을 수용하는 말이 많아져야 합니다. 나와 다르거나 내 마음에 들지 않아도 있는 그대로 존중하는 리더가 되어야 합니다. 존경이 아니라 '존중'입니다. 그래야 구성원이 믿고 따르며 배우는 것입니다.

웹툰 〈송곳〉의 대사처럼 사람들은 옳은 사람 말을 안 듣습니다. 좋은 사람 말을 듣는 법입니다. 그리고 좋아하는 사람 말을 듣게 되어 있습니다. 당신의 언어가 사람들이 좋아하는 리더로 만들어준다는 사실을 부디 잊지 마세요.

좋은 리더는
품격이 다릅니다

좋은 일을 하려고 노력하기보다는

오히려 좋은 인간이 되도록 노력해야 한다.

빛을 내려고 전전긍긍하기보다는

깨끗한 인간이 되도록 노력해야 한다.

- 톨스토이

조용한 퇴사와
리더십

코로나19 유행 이후에 '조용한 퇴사'라는 용어가 널리 퍼졌습니다. 실제로 퇴사하지는 않지만 주어진 업무에 최소한의 에너지를 사용하며 자리만 지키겠다는 직장인의 심리를 말합니다. 그리고 이제는 '요란한 퇴사'가 그 뒤를 잇고 있습니다. 아직 퇴사한 것은 아니지만 퇴사할 생각으로 직장에 대한 불만과 험담을 SNS에서 적극적으로 널리 퍼뜨리는 행위를 말합니다.

〈HBR(하버드 비즈니스 리뷰)〉에 따르면 조용한 퇴사는 결국 나쁜 상사가 원인이라고 합니다. 정당한 평가와 보상 그리고 워라밸에 목마른 젊은 세대들이 더 이상 참지 않고 행동으로 옮기는 것입니다.

이전 세대에도 이런 불만은 있었습니다. 하지만 지금은 참지 않고 표현하며 분출한다는 것이 다릅니다. 세대의 특성은 달라졌는데 조직의 문화는 여전히 바뀌지 않고 있으니 갈등과 반발이 일어나는 것입니다. 그 원인의 가장 결정적인 위치에 리더가 자리하고 있습니다.

저는 유쾌 상쾌 통쾌한 강의로 유명한 곽동근 소장의 절친 2급 자격증이 있습니다. 자격증 발급은 간단합니다. 곽 소장에게 순대국 한 끼만 사주면 됩니다. 그리고 나중에 1급 자격증도 받을 수 있습니다. 순대볶음 한 번만 사면 됩니다. 이게 뭔가 싶을 수도 있지만, 이런 자격증을 받겠다고 꽤나 많은 분들이 곽 소장을 찾습니다. 그런 곽 소장이 참 의미 있는 말을 했습니다.

"성공이란 무엇인가? 한마디로 같이 밥 먹고 싶은 사람이 되는 것이다."

저는 이 말에 전적으로 동의합니다. 조직에 있을 때나 조직을 떠난 후에라도 같이 밥 먹고 싶은 리더라면 성공한 리더라고 생각합니다.

팀장급 리더가 점심시간에 밥 먹으러 가자고 할 때 팀원이 오늘은 밥 생각이 없다고 말한다면 잘 생각해봐야 합니다. 그 팀원은 팀장인 당신과 밥 먹기가 싫다는 말일 수도 있기 때문입니다. 한번 검토해보겠다는 말은 결국 안 된다는 말인 것과 같은 이치입니다.

꼭 그런 것은 아니지만 대체로 우리나라 기업과 외국 기업의 상사에 대한 구성원의 태도는 사뭇 다릅니다. 상사와 밥 먹는 자리를 우리나라 직원들은 불편하다며 기피합니다. 외국에서는 우수 성과자에 대한 보상으로 CEO와 식사 자리를 제공하는 기업이 있을 정도인데 말입니다.

수직적 문화에 익숙한 우리 사회에서 상사와 같이 밥을 먹는 상황은 여러 가지로 어색하고 불편할 수도 있습니다. 하지만 단순히 어려워하는 것이 아니라 싫어한다면 이것은 생각해볼 문제입니다. 같이 밥 먹고 싶은 상사가 주변에 없다는 것은 모두에게 슬픈 일입니다. 왜 상사와 같이 밥 먹는 자리가 싫을까요?

밥 먹는 자리는 주거니 받거니가 원활해야 편안합니다. 그런 자리는 싫어할 이유가 없습니다. 그런데 상사와는 그게 잘 안 됩니다. 주기만 하느라 신경이 쓰이거나 받아도 편하지 않기 때문입니다. 결국 밥 먹는 자리인데도 사무실과 다름없이 일방적인 상황이 이어지는 것이지요.

워런 버핏이 말하길, 성공하는 리더는 실력과 열정을 갖춰야 한다고 합니다. 그리고 한 가지가 더 필요한데, 그것은 성품이라고 합니다. 그가 꼽은 최악의 리더는, 실력과 열정은 탁월한데 성품이 받쳐주지 못하는 경우입니다. 실력과 열정은 뛰어난데 성품이 뒷받침되지 못하는 사람은 차라리 실력과 열정이 없는 편이 낫다고 강조합니다. 그동안 알고 있던 리더의 조건이나 자질과는 결이 다른 말입니다. 그런데 고개가 끄덕여집니다. 성과 없는 리더는 공허하지만, 인성 없는 리더는 잔인하다는 말과도 잘 통합니다.

지금 우리는 품질에서 품격으로 진화한 시대를 살고 있습니다. 제품만이 아니라 사람도 마찬가지입니다. 품질로 승부하던 시대는 끝났습니다. 〈타짜〉라는 영화의 대사처럼 '품질 받고 품격을 더하는' 시대인 것입니다.

실력과 열정의 수준에 걸맞은 품격, 인성, 인격, 성품을 갖추지 못하면 그저 높은 자리에 있는 사람일 뿐입니다. AI와 챗GPT를 말하는 요즘 같은 변화의 시대에 여전히 직급과 리더십을 동일시한다면 큰 착각이고 낭패입니다.

그렇다면 리더의 품격, 성품은 무엇일까요? 저는 그것이 바로 리더의 언어라고 생각합니다. 리더가 하는 말이 곧 리더의 품격이고 성품입니다.

리더의 수준은 업무적인 성과로만 평가하는 것이 아니고 리더의 말을 보면 알 수 있습니다. 같이 밥을 먹는 자리에서 밥맛이 나게 말하는 리더라면 싫어할 이유가 없습니다. 그런데 많은 리더들이 밥맛을 잃게 하니까 식사 자리를 피하는 것입니다. 말솜씨가 부족한 것을 넘어서 말로 상처를 주거나 말로 폭력을 행사하는 지경에까지 이르니까 피하고 보자는 심리가 생기는 것입니다.

직급에 '장(長)' 자가 붙는 것은 리더가 되었다는 말입니다. 부장, 팀장, 본부장, 사장 등의 '장(長)' 자가 품고 있는 말의 의미를 생각해야 합니다. 글자 그대로 '어른 장(長)', 직급에 붙어 있는 어른의 글자를 생각하면 리더란 어른이 되어야 합니다.

어른은 나이만 많다고 되지 않습니다. 어른다움이 있어야 합니다. 그런데 잘못하면 꼰대가 되기 쉽습니다. 어른이란 일단 너그러워지는 것이라고 생각합니다. 유연하고 노련해지는 것입니다. 리더는 그래야 합니다. 이것은 실력만으로는 안 됩니다. 성품이 따라야 합니다.

이 책에서 리더의 말하기를 다루는 진짜 이유는 바로 이것입니다. 말을 잘하지 못하면, 그리고 잘 말하지 못하면 리더의 품격에 문제가 있는 것입니다. 같이 밥 먹고 싶어 하는 구성원이 아무도 없게 됩니다. 조직 문화를 건강하게 만들 수도 없게 됩니다.

리더의 입을 훈련하고 온전하게 만드는 일은 리더의 전략적 역량을 키우는 일보다 훨씬 중요하고 시급한 일입니다. 자신의 입을 다스리지 못하는 사람은 조직을 다스릴 수 없습니다.

조용한 퇴사의 시대, 그리고 요란한 퇴사의 시대로 이어지는 현실에서 일 잘하는 능력만으로 리더의 자리를 지키려는 것은 어리석음을 깨닫길 바랍니다. 퇴직 후에도 밥 한번 먹자고 연락이 오는 좋은 리더가 되는 길은 당신의 말에 달려 있습니다. 인생의 말로(末路)는 말로 결정됩니다.

우리는
스티브 잡스가 아니다

"지갑은 있는데 현금은 없고, 통장은 있는데 잔고는 없다."

양광모 시인의 표현입니다. 그래서 저도 한번 따라서 해봤습니다.

'교사는 있는데 스승은 없고, 학부모는 있는데 부모는 없고, 상사는 있는데 리더는 없다.'

어느 조직이나 공동체에서 최종 결정권을 갖는 중요한 자리에 오르는 것과 리더가 된다는 것은 다른 문제입니다. 자리가 리더십을 담보하지는 않기 때문입니다.

앞에서 좋은 리더의 자질과 조건으로 리더의 말하기를 언급했는데, 우리 주변의 독설가는 대체로 나쁜 리더일 가능성이 높습니다. 가끔 리더십 강의에서 이런 질문이 나옵니다.

"세계적인 리더로 스티브 잡스를 손꼽는데 그는 독설가였지 않나요?"

그 질문의 이면에는 독설가라도 충분히 위대한 리더가 될수 있지 않냐는 의도가 숨어 있습니다. 하지만 스티브 잡스는 세상에 단 한 명입니다. 그 질문자가 스티브 잡스 수준의 천재성을 갖고 있지 않다면 독설가임에도 충분히 리더가 될수 있다는 환상은 버리는 것이 현명합니다.

TV 경연 프로그램에서 참가자에게 강력한 독설을 날리며 상대방의 실력을 적나라하게 분석하고 평가하는 심사위원이 있습니다. 해당 분야의 레전드로 인정받아서 심사위원으로 나온 사람이기에 청중들도 공감하거나 감탄하기도 합니다. 심지어 참가자는 눈물을 보이며 한없이 작아지는 자신을 초라하게 드러냅니다. 그런데 독설을 날리는 심사위원이 꼭 대중의 지지를 얻는 것은 아닙니다. 그와 반대로 실력의 부족함은 정확히 일깨워주면서도 따뜻한 언어로 지지하고 용기를 북돋아주는 심사위원에게 호감을 갖는 대중들이 더 많습니다.

자칫 실력 있는 사람은 상대방을 신랄하고 예리하게 비판할수록 멋있게 보인다고 생각할 수 있습니다. 강하게 지적하고, 직설적으로 평가하는 말이 실력을 나타낸다고 느낄 수도 있습니다. 하지만 딱딱하다고 바삭한 것은 아니라는 어느 유명 일식 셰프의 말을 생각해볼 필요가 있습니다. 자신이 방문한 식당에서 음식을 먹어보며 평가를 하던 유명 일식 셰프가 일행에게 설명하면서 한 말입니다.

"일식 튀김은 바삭바삭한 것이 생명인데, 그렇다고 딱딱해지면 안 돼."

이처럼 조직에서 리더가 구성원에게 하는 말도 바삭한 것과 딱딱한 것이 구분되어야 합니다. 이제부터 자신의 말을 되돌아보기 바랍니다. 나는 바삭하려는 의도였는데 상대방에게 딱딱하게 전해지지는 않았는지. 독설이 바로 그렇습니다. 직격탄을 날려야 제대로 알아들을 것이라고 생각해서 독설을 날리는 데 익숙하다면 결코 좋은 리더가 되기 힘듭니다. 바삭함을 유지하는 조절이 필요합니다. 옳은 말이라도 이 원리는 마찬가지입니다. 옳은 말이 딱딱한 독설로 날아들면 더 충격이 크기 때문입니다.

독설가는 몇 가지 특징이 있습니다. 우선 자신만 옳다는 왜곡된 고집과 자만으로 뭉쳐 있습니다. 다른 사람의 상황이나 입장은 신경 쓰지 않습니다. 세상에서 가장 대하기 힘든 사람 중 하나가 자신이 절대적으로 옳다고 확신하는 사람입니다.

《내가 틀릴 수도 있습니다》라는 책이 있는데, 제목만으로도 커다란 깨우침을 줍니다. 독설가 리더는 자신이 틀릴 수 있다는 생각을 안 합니다.

인간은 완벽한 존재가 아닙니다. 누구나 옳은 부분과 그른 부분을 안고 살아가는 존재입니다. 그래서 섣불리 남을 비판하고 무시하면 안 됩니다. 자기 자신도 부족한 점을 지닌 불완전한 인간이기 때문입니다. 저는 이 시대의 부모들이 자녀 양육 시 이 부분을 가르쳐야 한다고 생각합니다.

아무리 공부를 잘하고 스펙이 좋아도 결국은 불완전한 존재라는 사실을 기억하고, 자신보다 열등한 사람을 무시하거나 괴롭히지 말아야 합니다. 드라마 〈더 글로리〉와 같은 현실이 계속되면 안 되지 않겠습니까?

"I may be wrong."

독설가의 또 다른 특징은 일방적으로 가르치려고만 합니다. 심지어 신앙 공동체에도 이런 분들이 있습니다. 가르치는 것이 습관이 된 것입니다. 선한 의도로 가르치는 일은 필요합니다. 그런데 온통 자기 중심으로 '나는 가르치고 너는 배우라는 식'은 좋지 않습니다.

사실 이런 가르침에서는 배울 점도 거의 없습니다. 상대방은 열등하고 자신은 우월하다는 생각과 자세에서 나오는 말은 교만과 무시를 담고 있기 때문입니다. 모든 말은 결국 그 사람의 마음에서 나오는 법입니다. 선한 말은 선한 마음에서, 독설은 독이 가득한 마음에서 나오는 것입니다.

실제로 독설은 크나큰 폐해를 가져옵니다. 대표적인 것이 트라우마입니다. 트라우마는 커다란 마음의 상처를 말합니다. 그런데 독설에 의한 정신적 상처는 치유가 힘듭니다. 꽤 많은 시간과 비용이 필요합니다.

저는 2년 전쯤 동네에서 산책을 하다가 강아지에게 물린 적이 있습니다. 다행히 상처가 심하지는 않았지만 지금도 종아리에 흉이 남아 있습니다. 중요한 것은 그 이후로 길에서 개를 만나면 나도 모르게 몸이 움찔한다는 것입니다. 이게 트라우마인 것입니다. 독설의 트라우마도 똑같습니다. 좀처럼 회복되기가 힘듭니다.

드라마를 보면 수술실에서 교수가 수련의에게 독설을 날리는 장면이 종종 나옵니다. 너 같은 모자란 아들이 의사가 되었다고 부모님이 좋아했냐며 절대로 잘되게 놔두지 않겠다고 악담을 퍼붓습니다. 이 같은 독설은 업무 성과를 떨어뜨리는 동시에 조직 문화를 해칩니다. 불안과 불신으로 구성원들이 안정적인 대인관계를 맺지 못하게 만듭니다. 이것은 리더의 치명적인 결함입니다. 더 중요한 것은 독설로 인한 나쁜 조직 문화의 에너지는 빠르게 퍼진다는 것입니다.

직장 내 괴롭힘 금지법이 시행된 지 벌써 4년이 지났습니다. 사회적으로 확대하면 갑질 금지법이 됩니다. 학부모가 교사에게, 소비자가 판매자에게 갑질을 하지 말자는 것입니다. 갑질의 대부분은 독설을 통해 이루어집니다.

우리 신체에서 가장 다루기 힘든 부위가 혀입니다. 자신의 작은 혀를 제대로 다루지 못하면 화가 따릅니다. 따라서 섣부른 독설은 빨리 포기하는 것이 좋습니다.

따뜻한 공정과 공감력

패션에 대한 배우 박준금 씨의 철학과 자부심이 담긴 말이 있습니다.

"갑자기 재벌은 있어도 갑자기 패셔니스타는 없다."

불현듯 제 머릿속으로 한 문장이 지나갑니다.

'갑자기 승진은 있어도 갑자기 리더는 없다.'

갑자기 명품 옷을 입는다고 패셔니스타가 되지 않듯이 갑자기 승진을 한다고 곧 리더가 되는 것은 아닙니다. 지위가 리더십은 아닌 것입니다. 패셔니스타든 리더든, 둘 다 그만한 노력과 경험을 통해 만들어가는 것이지요.

좋은 리더가 된다는 것은 생각보다 단순하면서도 어렵습

니다. 답을 알아도 적용하고 실행하기가 어렵기 때문입니다. 답이 쉽다고 실행도 쉬운 것은 아닌 법이니까요.

생각해보면 33년째 말로 먹고살면서 이제는 스스로 잘 살아왔는지, 잘 살고 있는지 질문해보는 나이가 되었습니다. 나는 좋은 리더, 좋은 부모로 살고 있는지 되묻게 됩니다.

좋은 리더의 핵심 조건은 무엇일까요? 일단 공감력이 필요합니다. 특히 젊은 세대와의 관계에서 '공능제'라는 말은 듣지 않아야 합니다. 공능제란 공감 능력 제로를 말하는 신조어입니다. 젊은 세대가 가장 싫어하는 타입이 바로 공능제입니다. 그만큼 리더에게 소통과 관계의 문제는 중요합니다.

최근 서울대학교 졸업식에서 축사를 맡은 최재천 교수는 세계적인 생태학자로서 평생 생명의 이치를 연구한 전문가답게, 그리고 학교와 인생의 선배로서 현실적인 당부를 전했습니다. 그는 자연계를 보더라도 최고로 완벽한 생물이 아니라 적당히 적응하는 생물이 살아남았다고 말했습니다. 너무 완벽한 조건이나 실력으로 무장해야 살아남을 것이라는 조바심은 필요 없다는 것이겠지요. 그보다는 주변 사람들과 잘 어우러지는 삶이 필요하다는 것입니다. 그리고 특별히 강조한 부분이 있습니다. 앞으로 서울대 졸업장의 힘으로 살아갈 부분은 더 이상 없을 것이라며, 치졸한 공평함으로 살지 말고 그 공평함에 양심을 보태서 공정함으로 살아가라고 말했습니다.

덧붙여 서울대 졸업생으로서 혼자만 잘 살지 말고 다 함께 잘 사는 세상을 이끌어달라고 했습니다. 공정은 가진 자의 잣대로 재는 것이 아니며, 키가 작은 이들에게는 의자를 제공해줘야 비로소 세상이 공정하고 따뜻해진다고 말입니다. 또 양심이 공평을 만나면 공정이 된다고 했습니다. 자연에서도 손잡지 않고 살아남은 생명은 없다며, 치졸한 공평이 아니라 고결한 공정을 추구하라고 당부한 것입니다. 최 교수는 이렇게 따뜻한 리더십을 강조했습니다.

불공정한 공평이 아니라 따뜻한 공정이 되려면 공감력이 필수입니다. 공감력을 가진 리더야말로 미래 사회의 진짜 좋은 리더가 될 것입니다. 나만 행복하면 되는 게 아니라 주변을 돌아보고 챙겨주는 공감력이 좋은 리더의 핵심 자질인 것입니다. 내게는 부족함이 없더라도 누군가의 결핍이 눈에 들어오고 마음이 쓰이는 것이 공감력입니다.

공감이라는 영어 단어 'empathy'는 상대방의 신발을 신어 본다는 의미에서 유래되었습니다. 지금은 이런 리더를 찾고 있는 시대입니다.

우리가 분명히 알아야 할 것이 있습니다. 흔히 공감력을 지닌 리더라고 하면 연약하고 우유부단한 모습을 생각하기 쉽습니다. 무조건 상대방에게 맞춰주고 끌려가는 모습을 떠올리기도 합니다. 공감은 무조건적인 편들기가 아닙니다. 착한 것이 곧 약한 것은 아니듯 말입니다. 리더가 공감한다는 것은 상대방의 감정, 마음, 의도를 이해하는 것입니다. 상대방의 행동과 결정 사항까지 그대로 받아주는 것이 아닙니다.

부모와 자녀 사이에서도 마찬가지입니다. 무조건 우쭈쭈하는 게 공감은 아닙니다. 자녀의 의도나 마음을 알아주는 것과 잘못된 행동까지 받아주는 것은 구분해야 합니다. 가뜩이나 왕자병, 공주병을 염려하는 시대에 자녀의 마음을 공감한다는 명분으로 앞뒤 구분없이 받아주는 부모는 공감의 뜻을 잘못 이해한 것입니다. 이런 부작용 때문에 '기분 상해죄'니 '왕의 DNA'니 하는 못된 말들이 난무하는 것입니다.

태생적으로 공감력을 갖고 태어나지 못한 사람이 있을 수는 있는데, 그런 부류의 사람이 고위직에 있으면 주변 사람들이 힘들어합니다. 얼마 전에 지인이 해외 연수를 갔다가 돌아오는 길에 팀장을 위해 작은 선물을 준비해왔다고 합니다. 그런데 선물을 건넬 때 팀장이 했던 첫마디가 귀를 의심하게 만들었습니다.

"바쁜 연수 일정에도 선물 살 시간은 있었나 봐?"

이럴 때에는 일단 그냥 고맙다고 말해야 합니다. 그리고 다른 생각이 있다면 나중에 말해도 됩니다. 공감력이라고는 눈을 씻고 찾아봐도 없는 팀장은 그저 할 말을 했다고 생각할 것입니다. 하지만 지인은 돌아서서 선물을 주고도 좋은 소리를 못 들었다며 혀를 찼습니다. 아마도 다시는 그 팀장을 위해 선물 따위는 사지 않을 것입니다. 상대방의 마음과 의도를 먼저 공감해주고 그다음에 행동에 대해 말하는 리더의 품격이 아쉽습니다.

리더에게 공감은 소통의 필수 요건입니다. 공감 없는 소통은 고통일 뿐입니다. 공감 없는 소통은 일방적일 뿐입니다. 〈희나리〉라는 노래는 두 연인이 결국 헤어진 사연을 들려줍니다. 한 사람은 세심하고 극진한 마음으로 자신의 전부를 줄 만큼 사랑했지만, 상대방은 그게 부담이 되고 감당이 안 되어 헤어진 것입니다. 이때 왜 자신의 사랑을 받아주지 않느냐고 항변하면 안 됩니다. 사랑조차도 일방적이면 폭력이라는 사실을 알아야 합니다. 이미 데이트 폭력은 범죄인 세상입니다.

소통은 양방향이어야 합니다. 소통에서 '소(疏)'는 서로의 사이에 가로막는 것이 없는 상태를 말합니다. 막힘없이 열린 관계를 의미합니다. '통(通)'은 서로 주고받는 양방향을 뜻합니다. 이런 소통은 공감 없이는 불가능합니다. 거듭 강조하지만 상대방을 존경하지는 못해도 존중하는 마음으로 공감하는 리더가 좋은 리더입니다.

죽이는 말?
살리는 말!

비 오는 수요일에는 무엇이 생각나나요? 그런 날에는 어떤 노래가 떠오르나요? 〈수요일엔 빨간 장미를〉이라는 노래가 떠오른다면 당신은 연식이 꽤나 되신 분일 것입니다. 1980년대 중반에 히트한 노래이니까요.

이 노래를 부른 다섯손가락이라는 밴드가 있습니다. 그 밴드의 초창기 멤버 중에 제 친구가 있었습니다. 요즘도 방송에서 그 밴드를 보면 그 친구가 생각이 납니다. 너무 이른 나이에 지병으로 세상을 떠났기 때문에 더 안타깝습니다.

언젠가 그 밴드의 멤버 한 분이 하는 이야기를 들었습니다. 주로 작곡을 맡아서 여러 히트곡을 만들어준 분입니다. 60세가 되도록 평생 음악을 하며 살고 있는 그분이 초등학교 5학년 때 겪었던 일입니다. 음악 시간에 노래를 불렀는데 선생님이 풍금 뚜껑을 쾅 닫으면서 앞으로 어디 가서 노래는 하지 말라고 했다고 합니다. 그 말이 가슴에 남아 자신은 노래와는 인연이 없다고 생각했다고 합니다. 그런데 그분은 평생을 작곡하고 연주하며, 때로는 노래를 부르기까지 하면서 살아왔습니다.

그때 그 선생님이 그런 말을 하지 않았더라면 어땠을까 싶습니다. 비록 수준에 못 미치는 노래 솜씨였더라도 따뜻한 용기의 첫마디를 건네줬더라면 어땠을까 하는 생각이 들었습니다. 실력을 인정하지는 못해도 격려의 첫마디를 꺼냈으면 어땠을까요? 나이 60이 된 지금까지도 그날의 그 장면이 마음에 남아 있다는 그분의 삶은 어쩌란 말입니까? 그래서 비록 보컬 담당은 아니지만 가끔씩 메인 보컬로 노래하게 해준 멤버들이 너무 고맙다는 고백에 가슴을 쓸어내리게 됩니다.

저도 기억에 남는 일이 하나 있습니다. 저는 중학교 때 난생처음 수학여행을 갔습니다. 그때 제 나름대로 처음으로 집을 떠나 밖에서 자고 들어오는 여행의 추억이기에 기념품을 사왔습니다. 아마도 조개로 만든 모형 집이었던 듯합니다. 며칠 만에 돌아온 제가 기쁜 마음으로 기념품을 꺼냈을 때 어머니의 첫마디는 예상 밖이었습니다.

"쓸데없이 그런 건 뭐 하러 사왔냐?"

어린이가 중학생이 되어 제 딴에는 좀 컸다고 여행에서 선물을 사올 줄도 안다며 기특하다고 하실 줄 알았습니다. 그런데 날카로운 말투로 핀잔을 들었습니다. 내일모레 60을 바라보는 이 나이에도 저는 그 기억이 생생합니다. 그 후로 저는 여행지에서 선물을 안 사는 습관이 생겼습니다.

리더의 첫마디는 다른 사람의 기를 살리기도 하고 죽이기도 합니다. 리더의 말에는 생각보다 강한 영향력이 실려 있기 때문입니다. 좋은 리더가 되려면 첫마디의 힘을 잊지 말아야 합니다.

리더는 말을 할 때 언어 선택에 신중해야 합니다. 특히 첫마디는 더욱더 신중해야 합니다. 첫마디를 내뱉기 전에 일단 멈추는 자세가 필요합니다. 적합한 단어와 표현을 먼저 생각해내야 합니다. 생각이 안 난다면 차라리 말하지 않는 편이 좋습니다. 말하지 말아야 할 때 하지 않는 것도 실력입니다.

칼 레만 박사의 연구에 의하면 똑같은 사건이라도 리더의 대응 방식에 따라서 전혀 다른 결과로 이어진다고 합니다. 업무 중 실수를 해서 곤란한 상황이 발생했을 때 팀장이 조용한 곳으로 데려가서 자초지종을 충분히 들어주고 우선 마음을 다독여준다면 어떨까요? 담당자의 의도와 생각을 들어본 후 문제를 되짚어보고 해결책을 함께 찾아보는 시간을 갖고서 팀장으로서 어떤 지원을 할 수 있는지 말해준다면 그 직원에게는 오히려 성장의 기회가 될 것입니다.

반대로 팀장 자신의 입장만 생각해서 담당자를 질책하고 비난하며 수치심을 느끼게 하고 책임을 넘겨버린다면 그 직원은 커다란 트라우마를 안게 될 것입니다. 트라우마는 있어야 할 것이 결핍되거나 심각하게 나쁜 일이 발생할 때 생겨납니다. 보호, 지지, 인정 등 있어야 할 것이 제공되지 않을 때나 폭력, 학대 등의 나쁜 사건이 발생할 때 생기는 것이지요.

사실 트라우마는 미미하다고 생각하는 작은 고통에서 촉발되는 경우가 많습니다. 그리고 미처 해결되지 못한 외상적 기억이 쌓여서 마음에 쓴 뿌리로 남게 된답니다. 쓴 뿌리의 결과는 남을 용서하지 못하는 사람이 되는 것이고요. 리더의 첫마디가 기를 죽이는 말일 경우에 이렇게 엄청난 후폭풍으로 이어지게 된다는 사실을 기억하기 바랍니다.

한편 리더의 기를 살리는 첫마디 역시 한 사람의 인생에 엄청난 영향을 미칩니다. 이국종 교수의 사례가 그렇습니다. 우리나라 응급외상센터 분야에 커다란 공헌을 한 외과 의사 이국종 교수. 그분의 아버지는 6·25 전쟁에서 지뢰를 밟아 심하게 다친 국가 유공자였습니다. 이 교수가 어린 시절에는 우리나라의 인권 의식이 수준 미달이었습니다. 병신의 아들이라고 놀리고 따돌림을 당하던 시절이었습니다.

이 교수가 축농증으로 병원을 찾아가 국가 유공자 의료복지 카드를 내밀면 거절당하던 그 시절에 어느 병원 의사 선생님의 한마디가 이 교수의 삶을 바꿔놓았다고 합니다. 그 의사는 어린 이 교수에게 "아버지가 자랑스럽겠구나."라며 좋은 아버지를 두었다고 격려의 말을 했다고 합니다. 그리고 나라를 위해 싸우신 훌륭한 아버지를 생각해서 치료도 무료로 해주셨다고 합니다. 이것은 어린 이 교수가 세상을 다시 바라보는 결정적 계기가 되었습니다. 그 후 이국종 교수는 우리나라 최고의 외과의사가 되어 가난하고 아픈 사람을 함부로 대하지 않기로 한 결심을 실천하며 살고 있습니다.

모두가 멸시하고 무시할 때 아버지를 자랑스러운 분이라고 말해준 의사 한 사람이 훗날 세상을 살리는 의사 한 사람을 만들었습니다. 환자는 돈을 낸 만큼이 아니라 아픈 만큼 치료받아야 한다는 이 교수의 삶의 원칙이 이렇게 탄생하게 된 것입니다. 리더의 첫마디가 사람의 기를 살릴 수 있는 것은 상대방을 인격적으로 받아주고 위로하고 함께하기 때문입니다.

비록 상처를 입고 지쳐서 쓰러져도 그 사람 곁에 믿어주고 지지해주는 한 사람이 있고, 회복할 수 있는 첫마디를 건네준다면 살아갈 수 있게 됩니다. 취업 경쟁에서 수년째 실패하여 마음의 문을 닫고 방에 처박혀 몇 개월을 지내던 딸에게, 보다 못해 고향에서 올라온 엄마가 방문 앞에서 한마디 건넵니다.

"인생에서 실패할 수는 있지만 실패한 인생이란 없단다. 엄마 여기 있을게, 밥 먹자."

엄마는 재촉하지도 않았고 비난하지도 않았습니다. 이것이 그 딸을 살려낸 인생 최고의 첫마디입니다.

1등 조직은
문화가 만듭니다

2등까지 올라가는 것은 실력이 결정합니다. 하지만 1등 조직이 되는 것은 실력만으로는 안 됩니다. 1등 조직은 문화가 결정합니다. 이제는 조직 문화가 조직의 실력을 결정하는 시대입니다.

요즘 젊은 세대가 회사를 선택할 때 가장 우선적으로 고려하는 조건은 무엇일까요? 최근 자료에 따르면 밀레니얼 세대는 '보상'을 제1조건으로 선택하고, 그다음으로 '조직 문화'를 선택했습니다. Z세대는 1위가 '조직 문화'였고, 2위가 '보상'이었습니다.

여전히 급여나 보상 수준이 상위에 올라 있기는 하지만, 조직의 문화가 선택을 좌우할 만큼 중요한 요소로 떠오른 세상입니다. 소통이 원활한 조직인가, 서로 존중하는 문화인가를 우선적으로 살피는 트렌드를 이제는 피할 수 없게 되었습니다. 그래서 일류 기업일수록 리더의 조직 문화에 대한 관심이 집중되고 있습니다. 좋은 리더는 성과가 아니라 문화를 만들어내야 하는 것입니다.

국내 굴지의 어느 기업은 '행복 경영'을 강조하면서 더 이상 성과만으로는 승진을 하지 못하게 평가 제도를 바꾸었습니다. 평가 기간 동안 얼마나 타인이 행복하게 일하도록 도왔는지를 평가의 주요 기준으로 삼은 것입니다. 마이크로소프트의 재도약을 일군 결정적 요인으로도 평가 제도의 변화를 꼽습니다. 그들은 분기마다 성장 마인드를 가졌는지 평가합니다. 그리고 영향력을 가졌는지 평가합니다.

영향력이란 구체적으로 다음의 세 가지를 말합니다. 첫째는 조직과 고객에게 기여한 성과입니다. 둘째는 타인의 성공에 기여한 내용입니다. 그리고 마지막으로는 타인의 아이디어를 바탕으로 성공한 내용입니다. 대부분의 조직은 첫 번째 항목만을 위주로 평가합니다. 두 번째와 세 번째 항목은 우리에게 상당히 낯선 내용입니다. 그런데 바로 그 부분이 조직의 재도약을 이끌었던 것입니다.

업무를 하면서 타인의 성공에 기여하는 일은 좀처럼 쉽지 않습니다. 내부 경쟁의 사슬에서 이기려는 몸부림이 일상화 된 상황에서 타인의 성공을 돕지 않으면 승진을 할 수 없는 제도는 무척 당황스러울 수밖에 없습니다. 게다가 타인의 아이디어나 노력을 바탕으로 내가 성공한 내용을 증명하는 일은 결코 만만치 않습니다. 과연 이런 독특한 평가 기준이 그들에게 왜 중요했을까요?

결론적으로 말하자면 조직 문화가 변하고 있기 때문입니다. 타인에게 관심을 갖지 않으면 생존할 수 없는 문화를 만들고자 하는 것입니다. 결과적으로 구성원들은 좋은 평가를 받기 위해 치열하게 타인에게 관심을 갖기 시작했습니다. 타인을 관찰하고, 타인의 업무에 관심을 갖고 살피며, 타인이 필요로 하는 것이 무엇인지를 적극적으로 찾아서 대응하게 된 것입니다.

이제는 조직 문화의 시대입니다. 조직 문화에 가장 큰 영향력을 미치는 존재가 바로 리더입니다. 한 가정의 문화는 부모에게 달려 있습니다. 마찬가지로 한 조직의 문화는 리더에게 달려 있습니다. 부서장이 바뀌면 부서의 문화가 바뀝니다. 즉, 조직의 문화를 결정하는 리더의 성품과 언행이 곧 그 조직의 문화 수준을 결정하는 것입니다.

좋은 리더는 행복한 일터 환경을 만들어야 합니다. 구성원이 출근하고 싶게 만드는 역할을 해야 합니다. 하게 만드는 것에 그치는 것이 아니라 하고 싶게 만드는 영향력을 가져야 합니다. 그리고 구성원의 마인드만 질책하지 말고 움직일 수밖에 없는 환경을 제공해야 좋은 리더입니다. 행복하게 일할 수 있는 환경을 제공하는 것은 공간적인 면에서 사무 환경을 개선하는 일에서 시작됩니다. 그리고 제도나 규정, 복지 수준 등도 중요한 환경적 요인이 됩니다.

운전을 하는 사람이라면 누구나 한 번쯤 도움을 받은 일이 있을 것입니다. 바로 도로에 새겨진 컬러 주행선의 도움 말입니다. 예전에는 내비게이션을 활용해도 자칫 길을 빠져나갈 타이밍을 놓쳐서 낭패를 보기도 했는데, 컬러 주행선이 생기면서 그런 실수가 거의 사라지게 되었습니다. 운전에 집중하라고 강조하기보다는 도로에 컬러 주행선을 그려주는 것이 훨씬 좋은 방법입니다. 이렇게 좋은 환경을 제공하면 리더가 잔소리하지 않아도 되는 것입니다.

무엇보다 구성원에게 가장 중요한 환경은 바로 리더입니다. 리더가 어떤 사람으로 존재하느냐가 가장 결정적인 환경 요인인 것입니다. 아무리 다른 환경적 조건을 잘 갖추어도 리더라는 환경이 형편없거나 악질적이면 아무 소용이 없습니다. 리더가 직원을 무시하다 못해 학대까지 한다면 제아무리 고급 책상과 노트북을 제공한들 무슨 소용이 있겠습니까? 리더의 언행이 곧 최고의 환경이라는 것을 알아야 합니다.

여러분은 다시 만나고 싶은 리더입니까, 다시는 만나고 싶지 않은 리더입니까? 만나고 싶은 리더, 따르고 싶은 리더는 자신이 말한 대로 살아갑니다. 언행일치는 리더십의 최우선 덕목입니다. 구성원을 존중하고 인정하는 마음 없이는 신뢰를 만들 수 없습니다. 리더와 구성원의 상호 신뢰는 조직 문화를 구축하는 가장 핵심적인 조건입니다. 존 맥스웰 박사의 말처럼 구성원은 리더의 비전을 수용하기 전에 먼저 리더를 수용한다는 것을 기억해야 합니다.

〈히든 피겨스〉라는 영화가 있습니다. 1960년대 미국에서 있었던 실화를 바탕으로 만들어진 영화입니다. 당시 흑인에 대한 인종 차별과 여성에 대한 차별이 노골적으로 이루어지던 상황에서 소련과 우주선 발사 경쟁을 벌이던 미국의 NASA에 세 명의 흑인 여성 천재 수학자가 일하게 되면서 벌어지는 에피소드를 보여주는데, 재미와 감동이 있는 영화로 추천합니다.

이들이 근무하는 건물에는 흑인 여성용 화장실이 없어서 매번 왕복 40분씩 걸리는 거리를 뛰어서 다녀와야 했습니다. 그러던 어느 날 이런 고충이 있음을 알게 된 백인 남성 리더가 백인 전용 화장실의 간판을 망치로 때려부수는 일이 발생했습니다. 그 백인 남성 리더는 이렇게 외쳤습니다,

"모든 사람의 소변 색깔은 같다."

절체절명의 국가적 과제를 수행하는 조직에서 인종과 여성에 대한 차별적 관행을 간과하지 않은 그 리더의 행동이 결국 국가와 조직의 운명을 바꾸었습니다. 이처럼 리더는

언행일치의 자세로 조직의 문화를 만드는 존재가 되어야 합니다. 천재성에는 인종 차별이 없고, 강인함에는 남녀 차이가 없으며, 용기에는 한계가 없는 멋진 문화를 만들어야 합니다.

2부

리더의 잘 말하기

Leader's Speech

3장

더 좋은 리더는
잘 말합니다

옳음과 친절함 중에서 하나를 선택할 때에는

친절함을 선택하라.

- 영화 〈원더〉 중에서

환대하면
해방됩니다

Gabjil. 이제는 세계적으로 통용되는 일반명사가 되었습니다. 갑질을 영어로 대체하기보다는 한국말 그대로 표기한 것이지요.

누군가에게 갑질을 당하면 우리는 모멸감을 느낍니다. 모멸감은 목숨을 끊게 할 만큼 수치스럽고 부끄러우며 분노하게 만듭니다. 영화 〈달콤한 인생〉에서 "넌 나에게 모욕감을 줬어."라고 말하는 장면이 이런 상황을 잘 말해줍니다. 모욕이란 단어의 어원을 보면 낮게 만든다는 의미가 있습니다. 누군가를 낮아지게 만드는 것이 모욕입니다. 타의에 의해 낮아지고 싶은 사람은 없는데 말이지요.

자신의 의지와 상관없이 모욕을 당하지 않는 사회가 공

정한 사회입니다. 힘의 불균형으로 무시, 차별, 조롱, 비하 당하지 않는 구조가 건강한 구조입니다. 모멸과 수치심의 강요가 없는 사회에서 비로소 인간의 존엄은 보호되는 것입니다.

리더의 자리가 자신의 기분과 판단에 따라서 누군가를 함부로 모욕하는 갑질의 자리가 되면 안 됩니다. 리더의 자리가 잘못된 계급 의식을 갖게 해서는 안 됩니다. 그래서 더 좋은 리더가 되려면 끊임없이 자기 성찰을 해야 하는 것입니다.

리더에게는 권한이 주어집니다. 조직에서 의사 결정권을 가지거나 구성원의 인사 문제에 대한 권한이 주어지는 것 등을 말합니다. 그런데 그 권한이 권력이 되면 곤란합니다. 이게 세상이 바뀌었다는 증거입니다. 과거에는 권한이 곧 권력이었습니다. 그러나 이제는 아닙니다. 리더의 권한은 '제한된 파워(힘)'입니다. 무제한의 권력이 아니라 제한이 있는 것입니다.

어느 자리에나 책임과 권한이 주어집니다. 그런데 리더의 자리에서는 권한보다 책임이 더 막중합니다. 만약 이런 인식이 없고 리더라는 자리의 권한에 더 초점을 맞춘다면 좋은 리더가 될 수 없습니다. 책임을 완수하라고 제한적인 권한을 부여한 것인데, 책임보다 권한만 좇는다면 본말이 전도된 것이기 때문입니다. 그런 리더는 권한조차 권력으로 변질시켜 갑질의 도구로 휘두르기 십상입니다.

리더의 권한은 업무적인 면에서 지시하고 조정하며 결정하는 데 사용해야 합니다. 상대방의 인격적인 부분까지 손에 쥐고 흔들어도 되는 무제한의 파워가 아닙니다. 아무리 업무적인 성과가 마음에 들지 않더라도 상대방을 모욕하거나 무시하고 협박하는 언행은 허용되지 않는 것입니다.

지금은 리더의 자리가 벼슬인 시대가 아닙니다. 조금 심하게 말하자면 기능적인 역할과 책임을 효과적으로 분담하기 위해서 세분화한 구조적 장치일 뿐입니다. 그래서 MZ세대는 사람을 따르지, 자리를 따르지 않는 것입니다.

말을 잘하는 리더가 되는 것 이상으로 중요한 것은 잘 말하는 리더가 되는 것입니다. 잘 말하는 리더가 되려면 언어 감수성을 빼놓을 수가 없습니다. 언어 감수성을 놓치면 민폐를 넘어서 갑질이 되거나 상대방을 수치스럽게 만듭니다.

사실 언어 감수성에 문제가 있는 리더는 단순히 말 실수를 하는 게 아닙니다. 그게 그 사람의 수준이고, 살아온 이력인 것입니다. 그러니까 좋은 리더를 넘어 더 좋은 리더로 성장하려면 언어 감수성을 갖추길 바랍니다.

언어 감수성의 기반에는 사람에 대한 차별이나 무시가 없어야 합니다. 상대방을 인격적으로 존중하는 인간에 대한 존엄이 자리를 잡아야 합니다. 기본적으로 사람에 대한 호의가 진심으로 내면에 자리 잡고 있어야 합니다. 성 차별, 인종 차별을 비롯하여 직업이나 나이, 능력으로 사람을 판단하는 천박한 자본주의 사상을 버려야 가능한 것입니다.

사람을 외형적 조건이나 상대적 상황에 따라 판단하지 않고 사람 자체만 바라보는 사회나 조직의 리더는 기본적으로 사람을 환대합니다. 이렇게 서로를 환대하는 사회에서는 차별과 폭력으로 수치심을 느끼는 일이 없습니다.

성공회대 김태환 교수는 모멸감을 없애는 방안으로 '사람을 환대할 것'을 권하고 있습니다. 환대해야 연대가 가능하다는 것입니다. 4차 산업혁명의 시대가 초연결의 시대라는 점에서 환대의 의미는 매우 중요합니다.

〈나의 해방일지〉라는 드라마에도 환대가 나옵니다. 과거 어둠의 세계에서 모멸감으로 사람을 죽게 한 남자 주인공의 자책하는 말을 들은 여자 주인공이 환대를 언급합니다. 아침마다 환상 속에 찾아와서 자신을 괴롭게 만드는 그 사람들을 환대하라고 조언합니다. 환대하면 해방된다고 말이지요. 저는 이 드라마의 대사들이 너무나 현실감 가득하고 공감이 되어 네 권짜리 단행본으로 출간된 대본집을 사서 다시 읽었을 정도입니다.

"내 밑에 데리고 있는 직원."
"여자는 연애를 해야 예뻐져."
"없는 것들이 고마운 줄 모르고, 능력이 안 되면 그냥 숙이고 있든지."
"공부 안 하면 커서 저렇게 된다."

"일 좀 한다고 나하고 '급'이 같다고 생각하냐."

"잘해주면 기어올라서 문제야."

"너 위해서 해준 말인데 왜 그렇게 예민해."

"너 같은 인간도 자식이라고 부모가 좋아하니."

"지금 밥이 목구멍으로 넘어가냐."

이 중에 혹시라도 무심코 입에 담았던 말이 있다면 심각한 잘못임을 깨달아야 합니다.

최근 방송에 명의로 소개된 어느 의사는 진료 중 환자가 가족 여행을 간다고 했던 말을 기록해놨다가 다음 진료 때 말을 건네거나, 농사일로 고생하는 할아버지한테 고구마 농사 상황을 물어보는 등의 대화를 한다고 합니다. 명의는 단지 의료 기술자가 아닙니다. 생명을 다루고 살리는 사람이기에 실력 그 이상으로 환자의 존엄을 소중한 가치로 여겨야 합니다. "지혜로운 자의 혀는 치유를 가져온다."는 교훈을 되새겨봅시다.

'그대는 남의 손끝에서 놀기 위해 태어난 것이 아닙니

다. 군중 가운데 한 사람이 되기 위해서 태어난 것도 아닙니다. 그대는 그대만이 이룩할 수 있는 독특한 인간이 되기 위해 태어났습니다'.

독일의 시인 슈나이더의 이 외침을 주변 사람들에게 전하면 어떨까요?

밀당 고수의
기술

리더라는 단어의 어원에는 '길을 만들다, 방향을 찾다'라는 뜻이 있습니다. 리더란 길을 만들고 방향을 제시하는 존재인 것입니다.

재난을 영어로는 'disaster'라고 합니다. 이 단어는 원래 '별이 없어진다'는 뜻을 담은 말입니다. 옛날에는 나침반이나 내비게이션이 없었기 때문에 별을 보고 방향을 판단했습니다. 그러니까 별이 사라진다는 것은 재난이 되는 것이지요. 리더는 곧 별과 같습니다. 길을 만들고 방향을 보여주는 것이 리더십의 본질인 것입니다. 그리고 리더가 생생하게 보여주는 그 비주얼을 우리는 '비전'이라고 부릅니다.

조직이나 공동체에서 리더가 제시하는 비전을 수용하도록 설득력 있게 말하는 것은 리더십의 핵심입니다. 그래서 리더십은 말로 시작하는 것이라고도 합니다. 이것이 리더의 말 잘하기와 잘 말하기가 중요한 또 하나의 이유라고 할 수 있습니다. 지금은 물, 불, 흙, 공기에 더해서 이야기(말)가 제5원소가 되는 시대라고 말하는 사람도 있을 정도입니다.

사실 리더가 말한다고 모든 것이 즉각 수용되거나 실행되지는 않습니다. 더 자세한 설명과 설득의 과정이 필요하기도 합니다. 나아가서는 협상이 필요하기도 합니다. 더 좋은 리더가 되려면 협상, 즉 이견 조율을 노련하게 할 수 있어야 합니다. 매사에 답정너의 자세로 구성원을 밀어붙이는 리더는 MZ세대 입장에서는 최악의 상사일 뿐입니다.

어린아이를 키우는 부모라면 공감을 하고 아이의 의견을 존중하기도 해야 하지만, 때로는 부모로서 결정한 내용을 권유가 아니라 지시하기도 해야 합니다. 아직 스스로 판단할 능력이 부족한 상황에서는 부모가 일단 하라고 시키는 것이 서로의 안전을 위해서도 필요합니다.

"숙제할까?"와 "숙제해야지!"를 아이의 나이와 상황에 맞게 선택적으로 사용해야 합니다. 아이의 뜻을 존중한다고 판단과 결정까지 아이에게 모두 맡기는 것은 부모의 직무 유기일 수도 있습니다.

물론 성인의 경우에는 다릅니다. 아무리 직급이 낮은 후배라고 하더라도 상대방의 의견과 판단을 믿고 존중해야 합니다. 무시, 무관심, 무반응의 3무는 상대방의 자존감을 떨어뜨리고 의욕을 상실하게 만듭니다.

많은 경우에 리더는 구성원들과 적절히 밀당을 해야 합니다. 리더는 밀당을 통해 훌륭한 코칭을 제공할 수 있습니다. 구성원도 밀당을 하면서 스스로 느끼고 판단하며 리더의 생각을 파악하거나 자신의 의견을 표현할 기회를 갖게 되기도 합니다.

리더가 구성원들과 밀당을 잘하려면 먼저 그들의 특성을 이해하고 있어야 합니다. MZ세대의 대표적인 특성은 간결하고 가벼운 것을 좋아한다는 것입니다.

리더는 포털 사이트를 검색하고, MZ세대는 유튜브를 검색하는 시대입니다. 그 동영상조차도 2배속으로 시청하는 세대입니다. 그만큼 간결한 것을 선호합니다. '짤'이 대세가 된 것을 보면 알 수 있습니다. 그러므로 밀당을 잘하는 리더라면 간결하게 말하는 실력을 갖춰야 합니다. 짧으면서도 강력한 임팩트를 줄 수 있는 말하기 실력이 필요합니다.

한때 '진지충'이라는 신조어가 유행했습니다. 너무 심각하고 진지해서 재미없는 사람을 비하하는 말입니다. 재미없다는 뜻의 '노잼'이라는 말과 함께 많이 쓰이던 때가 있었습니다. MZ세대의 또 다른 특성은 재미를 추구한다는 것입니다. 재미가 있으면 일단 관심을 보입니다.

상대방의 관심을 이끌어내는 것도 능력입니다. 업무 시간에 매번 가벼운 농담으로 재미만 추구할 수는 없겠지만 기본적으로 유머와 여유를 갖춘 리더가 되어야 소통이 원활합니다.

유머도 품격이 있어야 합니다. 저속한 농담을 유머라고 착각하면 안 됩니다. 〈별이 빛나는 밤에〉라는 라디오 프로그램의 작가가 어느 방송에서 들려준 이야기입니다.

매주 진행하는 코너의 방송 시간이 다 되도록 개그맨 이
경규 씨가 나타나지 않았습니다. 당황한 직원들의 모습을
보면서 진행자였던 이문세 씨가 기발한 멘트를 날렸습니다.

"집 나간 이경규 씨를 찾습니다. 혹시 이경규 씨가 이 방송
을 듣고 있다면 빨리 방송국으로 돌아오기 바랍니다. 경규
야, 뭐가 불만이니? 형이 들어줄게."

이처럼 노련하고 재치 있는 유머가 문제 상황을 무난하게
해결하기도 합니다.

밀당의 고수는 상대방의 눈높이에서 관심 사항을 이끌어
낼 줄 압니다. 이견을 조율하는 협상의 상황에서 각자 원하
는 바를 놓고 밀당을 합니다.

이때 각자 원하는 바가 '입장'일 수도 있고, '이해관계'일 수
도 있습니다. 영어로 'position'이냐, 'interest'냐의 구분이 필
요한 것입니다.

입장은 겉으로 드러난 요구나 주장을 말합니다. 회의 자
료를 오늘 퇴근 전까지 완성하라거나, 지금 상황에서는 내일
오전 중에나 가능하겠다는 식의 주장이 명확히 드러난 것이

입장입니다. 그런데 밀당은 서로 다른 두 입장만 가지고는 해결하기가 어렵습니다.

입장 뒤에 숨어 있는 진짜 관심 사항이 무엇인가에 따라 밀당의 결과가 달라집니다. 겉으로는 드러나지 않지만 각자 진짜 바라는 바를 이해관계라고 합니다. 밀당이 제대로 진행되려면 그 이해관계를 밖으로 끌어내야 합니다. 그래서 이해관계에 초점을 맞추고 밀당의 대화를 해야 하는 것입니다. 내일 아침 회의에 보고할 자료라서 매출 변화의 내용을 미리 검토하고 참석하려는 의도와 중요한 선약이 있어서 정시 퇴근을 해야 하는 사정이 진짜 이해관계일 수 있습니다.

입장에만 초점을 맞추고 밀당을 한다면 서로 기분이 상할 수도 있고, 기껏해야 출근하자마자 볼 수 있게 해달라 정도의 합의를 할 것입니다. 그런데 이해관계에 초점을 맞춘다면 해결안의 방향이 달라질 수 있습니다. 퇴근 전까지는 매출 변화에 관한 데이터만 먼저 정리해서 검토할 수 있게 하고, 전체 자료는 회의 전까지 완성해서 받는 것으로 말입니다.

밀당의 대화에서는 강약을 조절하는 유연함이 중요합니다. 이렇게 밀당에서 좋은 이미지를 보여주면 상대방과의 관계가 달라집니다. 고수는 기본을 몸에 익혀 편안하게 사용하는 사람을 말합니다. 밀당의 고수가 됩시다.

친밀하게
다가서기

누군가를 만났을 때 첫인상에 영향을 미치는 두 가지 요인은 따뜻함과 유능함이라는 에이미 커디 교수의 연구 결과가 있습니다. 사실 리더도 구성원들에게 다가서기가 쉽지는 않습니다. 잘못 다가서면 간섭한다고 하고, 그게 아니면 무관심하다고 불평할 수 있기 때문입니다. 리더라면 타인에게 다가서는 요령과 원리도 익힐 필요가 있습니다. 따뜻함을 갖춘 친밀한 리더가 되기 위해서 말입니다.

타인에게 따뜻하고 친밀하게 다가서는 것은 결국 주파수를 맞추는 것과 같습니다. 주파수가 같으면 잘 통합니다. 대화가 편안하고 매끄럽게 이어지길 바란다면 상대방과의 공통점을 주제로 대화를 시작하면 됩니다.

　가장 무난한 대화 소재는 취미나 여가 활동일 것입니다. 본인이 직접 즐기지는 않더라도 다양한 여가 활동에 대한 지식과 정보를 갖고 있으면 얼마든지 대화를 시작하고 이어나갈 수 있습니다.

　저는 골프를 하지 않습니다. 축구나 탁구도 하지 않습니다. 등산도 하지 않습니다. 하지만 골프 용어나 규칙, 몇몇 골프장에 대한 정보, 골프장에서의 흔한 에피소드, 탁구의 신유빈 선수처럼 요즘 이슈가 되는 선수 동향, 입소문이 좋은 산이 어디인지 등을 평소에 관심 있게 보고 있습니다. 그래서 어떤 취미를 가진 사람들과도 웬만한 이야기는 부담 없이 주고받을 수 있습니다. 다른 여가 활동도 마찬가지입니다. 관련된 정보 몇 가지만 알고 있어도 자연스럽게 대화를 이어나갈 수 있습니다.

　대화의 소재를 찾아서 이야기가 시작되면 본인의 경험이나 에피소드를 먼저 이야기하는 것이 좋습니다. 이때는 그저 해당 주제에 대한 관심을 유도하는 정도의 수준이거나,

오히려 부족했던 자신의 경험을 말하는 것이 상대방의 마음을 여는 데 효과적입니다. 그리고 상대방의 경우에는 어땠는지, 질문으로 상대방이 잘하는 부분을 말할 기회를 만들어주는 센스가 필요합니다.

사람은 누구나 자신이 잘하는 부분을 말할 때 신이 나서 몰입합니다. 이렇게 해서 상대방의 의견과 조언을 듣는 분위기로 연결하면 점점 대화에 집중하고 깊이를 더해갈 수 있습니다.

대화의 물꼬를 트되, 대화의 주도권을 본인이 잡지 말고 상대방에게 슬며시 넘겨주는 화법이야말로 진짜 노련한 것입니다. 일상적인 주제를 꺼내 일단 본인의 에피소드를 말하면서 슬쩍 상대방의 이야기를 꺼내도록 판을 깔아주는 방식이 좋습니다.

"오늘 날씨 참 좋네요. 저는 날씨가 좋으면 산책을 나갑니다. 내향적인 성격이라 산책으로 외부 활동량을 늘리려고 하지요. ∞님은 기분 전환이 필요할 때 주로 어떻게 하시나요? 아, 그런 활동을 하시는군요. 그런 활동은 어떤 점이 좋은가요? 제일 좋았던 점은 무엇인가요?"

이와 같이 말하면서 점점 자신의 이야기를 하도록 이끄는 것입니다. 여기에서 조심할 것은, 선불리 판단하거나 평가해서는 안 된다는 것입니다.

누가 무슨 말만 하면 이미 다 겪어봐서 안다는 투로 응대하는 리더가 있습니다. 처음 의도와는 달리 대화의 주도권을 본인이 낚아채는 못된 리더가 되기도 합니다. 그러면 대화와 관계는 다시 멀어집니다.

에포케! '판단 중지'라는 의미입니다. 상대방의 이야기를 들을 때 판단을 중지하고 그냥 그 순간에 집중하는 것이 중요합니다. 선입견을 내려놓고 담담하게 들어주어야 하는 것입니다. 맞장구와 공감도 타이밍과 정도를 지켜야 효과가 제대로 나타나는 법입니다. 선부르게 "아! 뭔지 알지."라고 말하기보다는 "아, 그랬군. 그래서 어떤 마음이었어?" 등의 반응을 보이는 것이 훨씬 더 좋습니다.

한마디 덧붙이기 화법이 있습니다. 내가 하고 싶은 말을 하기보다는 상대방이 그다음 이야기를 꺼낼 수 있게 한마디를 덧붙여주는 것을 말합니다. "차가 많이 막히죠?"라고 끝내지 말고 "차가 막혀서 고생했죠? 지하철과 버스 중에 어느 편이 좋아요? 차이점은 뭔가요?" 등으로 다음 이야기를 꺼내도록 한마디를 더하는 것입니다. 그러면 나름의 대답이 나오게 되고, 그 대답에 이어서 다른 이야기를 이어갈 실마리를 찾을 수 있습니다. 소위 꼬리에 꼬리를 무는 대화 방식입니다.

가능하면 상대방이 관심을 보일 만한 방향으로 대화를 이어주는 것이 좋고, 적당한 타이밍에 본인의 이야기를 살짝 오픈하면 좋습니다. 리더가 본인의 사연이나 진솔한 고민을 털어놓으면 상대방은 오히려 쉽게 마음을 열게 됩니다.

우리나라는 리더가 자신을 오픈하기 쉽지 않은 정서와 문화가 있습니다. 그래서 오히려 더 효과적입니다. 리더가 자신의 생각, 고민, 요청, 가치관을 노출한다는 것은 상대방을 신뢰한다는 의미도 되고, 상대방과의 친밀감을 바란다는 뜻도 됩니다. 이런 마음이 전달되면 심리적 거리감을 좁히는 결정적 계기가 되는 것입니다.

타인과 친밀감을 만드는 가장 핵심적인 요인은 우호성입니다. 이것은 성격에 관한 대표적인 이론인 '빅5 유형'에서 밝혀진 것입니다.

사람의 성격 특성을 구성하는 다섯 가지 요인 가운데 '우호성'이란 것이 대인관계에 가장 큰 영향을 준다고 합니다. 우호성은 신뢰, 공감, 온유, 솔직함, 겸손, 이타성 등으로 구성됩니다. 더 좋은 리더가 되려면 우호성을 갖춰야 합니다. 사람들의 신뢰를 받고 공감하며 온유와 솔직함, 겸손을 통해 이타적인 모습을 보이는 리더에게는 구성원들이 마음을 열게 될 것입니다.

'무슨 말을 할까?'가 아니라 '어떻게 말할까?'를 먼저 생각하세요. 내가 할 말보다 상대방이 할 수 있는 말을 먼저 하게 만들어주세요. 상대방과 표정, 자세 그리고 텐션의 주파수를 맞춰주세요. 높은 텐션의 대상에게는 조금 업(up) 되고 빠른 말투로, 느긋하고 안정된 텐션의 대상에게는 천천히 여유 있게 말하는 것이 좋습니다.

사람들은 나이를 먹을수록 상대방의 말을 듣기보다는 그 행동에 주목한다고 합니다. 더 좋은 리더로서 어떻게 행동할 것인지가 무슨 말을 할 것인가보다 더 중요한 조건이라는 것을 다시 한번 강조합니다.

가수 양희은 씨의 신간 에세이집 제목이 《그럴 수 있어》
입니다. 평소 그분이 자주 하는 표현임을 잘 알기에 더 인상
적이었습니다. 상대방의 이야기에 그럴 수 있다고 진심으로
반응해주는 리더가 필요한 시대입니다. 알아주고 받아주는
리더에게는 누구나 다가서게 됩니다.

리더로서 다가서는 용기도 필요하지만 다가오게 만드는
매력을 갖추면 어떨까요? 더 좋은 리더의 향기를 품고 말입
니다.

너, 뭐?

ISTJ 남편과 ENFP 아내. 이런 부부를 로또 부부라고 말한다고 하지요? 세상 안 맞는 부부이기 때문이랍니다. 바로 저와 제 아내가 그렇습니다. 한 구석도 맞는 부분이 없습니다. 그런데 31년 차 행복한 부부입니다. 요즘 시대에 이상할 것 하나도 없는 이혼이 우리 부부와는 거리가 멉니다. 하나도 안 맞는데 여태껏 잘 살아왔습니다.

요즘 MZ세대는 만나면 MBTI 유형부터 확인합니다. 한 동안 트렌드로 이어질 듯합니다. 그들이 주목하는 관심사에 대해 리더가 함께 대화 정도는 할 수 있는 지식이 필요하기에 간단히 살펴보겠습니다. 그렇다고 일부 기업처럼 입사지원서에 기재하도록 하는 것은 좀 너무 나간 것 같기도 합니다.

MBTI 유형을 알기 위해서는 네 가지 선호 지표를 잘 이해해야 합니다.

첫 번째는 에너지의 방향에 따라 외향형(E)과 내향형(I)으로 나뉩니다. 다수의 사람들과 어울리면 에너지가 샘솟는 유형이 외향형이고, 조용히 혼자 있거나 친밀한 소수의 사람들과 지낼 때 에너지가 생기는 유형이 내향형입니다.

외향형에게는, 격식보다는 즐거운 분위기 중심으로 적극적인 태도가 잘 어울립니다. 내향형에게는, 급격한 열정보다는 천천히 속도를 조절하면서 긴장을 풀어주는 접근이 필요합니다. 내향적인 것과 내성적인 것은 다르기 때문에 내향형도 내면의 에너지가 강할 수 있습니다. 신뢰를 바탕으로 그런 부분을 잘 이끌어낸다면 훨씬 깊이 있는 관계를 형성할 수 있습니다.

두 번째는 인식 측면에서 오감을 활용하여 사실과 현실을 구체적으로 인식하는 감각형(S)과 육감이나 영감을 통해 전체적인 통찰과 상상에 능한 직관형(N)으로 나뉩니다.

똑같은 사과를 보더라도 감각형은 크기나 생김새에 먼저 주목하는데, 직관형은 만유인력이나 백설공주를 연상하는 등의 차이가 대표적입니다. 그래서 감각형에게는 팩트와 근거를 중심으로 설명하면 수긍이 빠르고, 직관형에게는 비유나 맥락적 상황을 중심으로 말하면 공감이 쉽게 됩니다.

세 번째는 판단 기능 면에서 사고형(T)과 감정형(F)으로 나뉩니다. 객관적인 기준이나 원칙을 바탕으로 옳고 그름, 원인과 결과에 초점을 맞춰 판단하는 유형이 사고형입니다. 관계적인 영향을 중시하며 주관적인 좋고 나쁨에 초점을 맞춰 판단하는 유형은 감정형입니다. 감정형을 감정적인 사람으로 오해하기 쉬운데, 그게 아니라 전체적인 분위기와 상호 관계를 중시한다고 이해하는 것이 더 적절하겠습니다.

약속에 늦었을 때 늦은 이유와 명확한 사과의 표현이 중요한 '일 중심'의 사고형과 미안하다고 했으면 됐지 꼭 그렇게 따져야 하느냐는 '사람 중심'의 감정형에는 차이가 있습니다. 따라서 대화의 패턴이나 방법에서 사고형에게는 간단명료하게 논리적으로 접근해야 잘 통하고, 감정형에게는 우호적인 관계를 보여주면서 공감과 칭찬을 활용하면 효과적입니다.

네 번째는 생활양식 면에서 판단형(J)과 인식형(P)으로 나뉩니다. 판단형은 계획을 통한 질서 있는 패턴을 선호합니다. 무엇을 하든 체계적으로 순서와 절차를 구성하여 정확하게 하는 스타일입니다. 인식형은 순발력과 유연성을 기반으로 여유롭게 적응하는 스타일입니다. 그때그때 상황에 맞춰서 대응하며 자율적으로 생활하는 스타일인 것이지요. 그래서 판단형에게는 무계획적인 모습이 성의 없고 불안하게 느껴집니다.

반면 인식형에게는 지나친 계획과 준비가 답답하고 불편하게 느껴지는 것이지요. 여행하면서 사전에 세웠던 계획을 지키는 것이 당연하다는 판단형과 상황에 따라 변할 수도 있다는 인식형의 갈등을 생각하면 쉽게 이해가 될 것입니다.

책 한 권으로 나올 만큼 방대한 내용을 여기서 다 설명하기는 어렵습니다. 그저 이 네 가지 선호 지표에 대한 차이만 이해하고 있어도 리더로서 충분히 상대를 파악하고 대화를 이끌어갈 정도가 됩니다. 조직에서 구성원들과 대화할 때나 가정에서 자녀들과 대화를 할 때에도 이런 차이들을 감안하여 말하는 자세에 변화를 주면 좋습니다. 서로 같아야만 좋은 것이 아닙니다. 다르다면 어떻게 맞춰야 하는지를 리더는 생각해야 하는 것입니다.

서로 다르다는 사실을 부정하거나 비난하지 않고 받아들이는 것을 존중이라고 합니다. 우리 사회는 지금 존중이 상실될 위험에 처해 있습니다. 편가르기와 분열로 인해 혐오와 폭력이 증가하는 사회로 변했습니다.

진정한 존중의 자세를 갖춘 리더는 서로 다름을 격려할 수 있어야 합니다. 자신과 성향이 다른 상황에서 "너, T야?"라고 단정하고 함부로 판단하며 윽박지르는 것은 결코 좋은 리더십이 아닙니다. 그래서 알아야 합니다, 상대방이 어떻게 다른 특성을 가지고 있는지.

말하는 스타일에서 찾을 수 있는 또 다른 차이로는 지향형 표현과 회피형 표현이 있습니다. 가령 1등을 하겠다고 말하는 사람은 지향형이고, 꼴찌는 면해야 한다고 말하는 사람은 회피형입니다.

어떤 일을 할 때 지향형은 어떻게 하겠다거나 어떻게 되면 좋겠다고 말합니다. 그런데 회피형은 어떻게만 안 되면 좋겠다거나 어떻게 되기는 싫다고 말합니다. 리더는 이런 특징에 주목해 각각의 사람에게 조금 다르게 말하는 자세가 필요합니다. 지향형에게는 놓치는 것은 없는지 살필 것을 주문하고, 회피형에게는 진짜 바라는 것이 무엇인지를 질문해서 스스로 깨닫게 하는 과정이 필요한 것입니다.

우리는 국민 소득 3만 불이 넘는 시대를 살고 있습니다. 먹고사는 문제가 해결된 사회에서는 획일성보다 취향의 문제가 더 중요해진다고 합니다. 그래서 다양성의 관점에서 말을 하는 것이 중요해진 것입니다.

"원래 그런 거야."

"늘 그렇게 해왔어."

"누군 안 해본 줄 아니?"

"튀지 말고 그냥 해라."

"요즘 것들은 까다로워서 힘들어, 너만 잘났냐?"

"쓸데없는 생각 하지 말고 시킨 일이나 해."

이는 더 좋은 리더가 되려면 버려야 할 말들입니다.

입의 주요 기능은 먹는 것과 말하는 것입니다. 그런데 입에서 나오는 말 가운데 나쁜 말이 있습니다. 나쁜 말은 불로 태워서 재만 남기거나 관계를 이간질하는 결과를 만든다고 합니다. 리더의 입은 사람을 살리기도 하고 죽이기도 합니다. 단지 상징적으로 죽이는 것이 아니라 현실적으로 죽게 만들기도 합니다.

잘 말하는 리더는 상대방과의 다름을 이해하고 어떻게 말해야 하는지를 아는 리더입니다. 존중과 배려의 품격으로 상대방을 살리는 말을 하는 리더가 되길 바랍니다.

박항서 감독의
3단 콤보

우리나라의 커피 소비량이 세계적인 수준으로 올라섰습니다. 동네 곳곳에 카페가 늘어선 지 이미 오래되었습니다. 그런 우리나라에 커피가 아닌 밀크티를 본격적으로 유행시킨 곳이 있습니다.

인천에 본점을 두고 사업을 시작한 이 카페는 너무나 사업이 잘되어 전국에 여러 개의 지점을 열었습니다. 연간 10억 원이 넘는 매출을 올리는 카페가 되었습니다. 그런데 유명 백화점에 입점해 잘나가던 지점을 폐쇄해서 화제가 되었습니다. 남들은 입점하지 못해서 안달인 유명 백화점에서 사업이 굉장히 잘되었는데 오히려 철수를 결심한 것입니다. 그 이유는 바로 사업의 본질을 놓치게 되었기 때문이라고 합니다.

이 카페는 '진정성'이라는 이름의 카페입니다. 밀크티로 유명해서 전국적으로 사업을 확장하며 초대박 행진을 하고 있었는데, 아주 잘되는 그 사업장에서 자신들의 진정성을 보여주지 못하는 상황이 되자 과감히 철수를 했습니다. 사업을 통한 부의 축적도 중요하지만, 자신의 대표 브랜드인 밀크티를 고객에게 정성껏 제공하려는 진정성이 지켜지지 않게 되자 차라리 철수를 결정한 것입니다.

더 좋은 리더에게는 진정성이 필요합니다. 말하기 기술을 넘어서 진정성을 갖춘 리더가 되어 잘 말해야 합니다. 이것이 이번 책에서 전하고자 하는 저의 진심입니다.

유능하고 훌륭한 아나운서 출신의 저자들이 쓴 말하기 책들이 참 많습니다. 물론 그런 책들이 말하기 기술에 대해서는 더 체계적이고 자세하게 도움을 줄 것입니다. 그런데 저는 이 책으로 말하기 능력을 넘어서 진정성을 갖춘 더 좋은 리더십을 갖추는 데 도움을 주고 싶습니다. 리더의 자리에 있는 사람이라면서 말을 너무 험악하게 하는 세상이기 때문입니다.

진정성은 단지 솔직함만으로는 부족합니다. 솔직함에 겸손함과 간절함이 더해져야 합니다. 그리고 일관성이 필요합니다. 이렇게 구성된 진정성이 잘 말하는 리더를 만드는 것입니다. 진정성을 갖춘 리더는 그 사람 자체가 곧 언어가 됩니다.

겸손을 뜻하는 영어 단어 'humble'과 인간을 뜻하는 'human'은 둘 다 흙이라는 말에서 나왔습니다. 흙으로, 땅으로 내려가서 낮아지는 것이 겸손입니다. 상대보다 낮아지는 것이 겸손입니다. 이런 마음을 간절하고 일관되게 보여주면 진정성을 느끼게 되는 것입니다. 가식으로는 결코 만들어낼 수 없는 덕목입니다.

우리나라 사람들이 가장 즐겨 찾는 해외 여행지 가운데 베트남이 있습니다. 베트남에서의 한류 열풍과 인기는 세계적으로도 손꼽을 만큼 대단합니다. 그런 베트남에서 아이돌급 인기를 누리는 한 사람이 있습니다. 바로 박항서 감독입니다. 벌써 60대 중반을 넘긴 나이가 되었지만 베트남 축구 대표팀에서 최장수 외국인 감독의 기록을 가졌고, 역대 최고의 성적을 만들어낸 주인공입니다.

어떻게 아시아의 축구 약체였던 베트남 대표팀을 단기간에 아시안 게임 4강 수준으로 끌어올렸을까요? 건국의 아버지라는 호치민 다음으로 사랑받는 존재가 된 배경은 무엇일까요?

최근 방송을 통해 박항서 감독을 살펴볼 기회가 종종 있었습니다. 가볍게 예능에 출연하며 일상의 재미를 보여주기도 하고, 예능 축구 해설을 하기도 했습니다. 그런데 박항서 감독은 수줍음이 많았습니다. 말투도 어눌한 편이고, 굉장히 순진한 면을 갖고 있었습니다. 이런 박항서 감독이 어떻게 6년 가까운 세월을 베트남 국가대표팀 감독으로 지냈을까요? 그 리더십의 비결은 무엇이었을까요? 저는 진정성이 기반이 되지 않았으면 불가능했다고 생각합니다.

박항서 감독을 베트남 선수들은 '파파'라고 불렀습니다. 아버지 같은 존재였던 것입니다. 나이도 그렇지만 존재감 자체가 아버지 같았던 것입니다. 베트남 대표팀의 그 어린 선수들에게 박 감독은 대표팀의 의미와 자부심을 강조했습니다. 국민의 세금으로 국가를 대표하여 뛰고 있다는 자긍심을 일깨웠습니다. 그리고 항상 현장에서 선수들을 안아주고 발 마사지도 해주며 장난도 마다하지 않았습니다. 정서적 친밀감을 충분히 공유한 것입니다. 또 해당 경기에서의 작전 방향과 내용을 쉽고 명확하게 제시했습니다.

진정성을 위해서는 언행일치와 솔선수범이 필수입니다. 자신에게 하는 말과 타인에게 하는 말이 일치해야 합니다. 그리고 본인부터 실천해야 하는 것입니다. 이런 리더에게는 진정성을 느끼게 됩니다.

이화여대 윤정구 교수는 '권력은 주는 것'이라고 새롭게 정의합니다. 막스 베버와 같은 사회과학자들이 말하는 것처럼 일방적으로 리더의 의지를 관철시키는 힘이 아니라는 것입니다. 리더의 일방적인 권력 행사는 리더십이 아니라 갑질이 된다는 것입니다.

일반적으로 알려진 제로섬(zero sum)의 원리가 아니라 플러스섬(plus sum)의 원리가 리더의 파워에도 적용되어야 한다고 윤 교수는 강조합니다. 파워는 나눠주어야 한다고 말입니다. 권한 위임이라는 '임파워먼트(em+powerment)'가 바로 이런 개념입니다. 파워는 나눠주는 것입니다.

리더가 파워를 나눠주면 자신의 위상이 떨어지거나 파워가 줄어든다고 생각하기 쉽습니다. 하지만 진정성을 기반으로 조직 내의 신뢰와 건강한 상호 의존성을 바탕으로 나눠주는 파워는 모두를 살리는 역할을 합니다. 제로섬이 아니라 플러스섬이기 때문입니다.

착한 리더가 되는 것도 좋지만 한 걸음 더 나아가서 좋은 리더가 되어야 합니다. 착한 엄마가 되는 것도 좋지만 좋은 엄마가 되어야 하듯이요. 착한 리더는 잘해주려고만 합니다. 그런데 좋은 리더는 잘되게 해줍니다. 착한 리더는 자기만족에 그치지만, 좋은 리더는 상호 만족으로 이어집니다. 구성원들에게 동기와 끈기를 주도적으로 갖게 하려면 진정성에 기초를 두고 자신의 삶으로 보여주는 리더가 되어야 합니다. 그런 리더의 삶은 그 어떤 수사적 언어보다 더 강한 울림을 줍니다.

교육이란 머릿속에 씨앗을 심어주는 것이 아니라 그 씨앗

들이 자라나게 해주는 것이라는 칼릴 지브란의 가르침을 생각해봅니다. 좋은 리더십은 스스로 하고 싶도록 영향력을 끼치는 것이어야 합니다. 강압적으로 하게 만드는 리더는 하수일 뿐입니다.

아시안 게임 결승에서 패한 베트남 대표 선수들이 모두 고개를 숙이고 있을 때 박항서 감독이 말했습니다.

"고개 숙이지 마라. 너희들은 베트남 축구의 전설이다."

그렇게 시상대에 올라선 그들은 당당하게 고개를 들었습니다.

같은 의미,
다른 단어

우리 자녀들이 부모에게 가장 많이 듣는 말이 무엇이라고 생각하나요? 대표적으로 많이 듣는 말을 조사해보니까 "공부해라."가 단연 1등이었습니다. 그리고 "스마트폰 그만 봐라.", "얼른 자라." 등이 있었습니다. 이런 말 외에는 자녀에게 할 말이 없을까요?

재미있는 것은 이 말을 다른 말로 바꿔 말하는 것이었습니다.

"공부 더 해라."

"스마트폰 계속 보면 죽는다."

"차라리 자라."

웃픈 현실입니다. 이런 말들이 난무하는 환경에서는 좋은 관계가 만들어지지 않고, 좋은 부모 리더십이 전해지지도 않을 수밖에 없습니다.

가정에서뿐만 아니라 조직에서도 리더의 말투와 단어 선택은 리더십 수준을 가늠할 좋은 기준이 됩니다. 물론 리더십의 효과성 측면에서도 중요한 요인이 됩니다. 의도는 같은데 말투와 단어의 선택 그리고 표현법에 따라 전혀 다른 결과가 나타납니다. 부부 싸움의 경우에도 어떤 사건 자체보다 서로의 말투가 묘하게 사람을 화나게 만듭니다.

먼저 단정적인 표현과 유보적인 표현의 차이를 살펴봅시다. "당신은 항상 이런 식이야."라는 말을 듣고 잘못을 뉘우치는 사람은 없습니다. 잘못한 사실을 알면서도 반발심이 생기고 억울함도 올라옵니다. 상대방에게 단정적인 평가와 판단을 포함한 말을 전달하면 위험합니다. 거기에 빈도 부사가 더해지면 상황을 더 악화시킵니다. '항상, 늘, 언제나, 매번, 절대' 등의 빈도 부사는 상대방을 싸잡아서 평가하는 말이 되면서 관계를 악화시키게 됩니다.

"당신 보고서는 항상 이 모양이야."라는 표현보다는 "내 생각에는 이 부분을 수정하면 어떨까 싶은데?"와 같이 유보적인 표현으로 바꿔주면 훨씬 좋습니다. 단정적인 표현에 익숙하다는 것은 그만큼 독선적이고 자신이 상대방보다 우월하다는 심리가 깔려 있는 것입니다. 강압적이지 않고 열린 자세로 함께 대화를 해보자는 유보적인 표현으로 구성원을 설득하는 리더가 진짜 고수입니다.

리더가 자신의 의견과 생각을 명확하게 전달하는 것은 권장할 만한 일입니다. 하지만 결론을 명확하게 전달하는 것과 평가와 판단을 담은 표현을 하는 것은 다른 문제입니다.

"이 따위 자세로 무슨 일을 하겠어?"라는 표현은 상대방의 인격까지 포함하여 수준 미달이라고 평가하고 판단한 것입니다. 그보다는 "내가 바라는 모습이 아니라서 기분이 안 좋았어. 마감 시간을 두 번이나 어겨서."라고 상황을 사실 중심으로 서술하는 것이 더 좋습니다.

특히 부정적인 상황에서는 사람과 사실을 구분하여 언급할 필요가 있습니다. 사람을 지적하지 말고 사실이나 팩트를 지적해야 하는 것입니다.

의학의 아버지로 불리는 히포크라테스는 인간의 몸에서 가장 큰 힘을 가진 장기를 뇌라고 생각했습니다. 최근 뇌 과학의 발달로 보다 분명하게 알게 된 것은 우리의 감정과 언어에 따라 뇌가 다르게 반응한다는 사실입니다. 긍정적인 생각과 긍정적인 단어 사용이 우리의 뇌를 안정시키고 더 좋은 사람으로 만들어준다는 것입니다.

이런 말이 있습니다.

"어둠을 탓하지 말고 불을 켜라."

어디에 주목하느냐의 차이입니다. 어둠에 주목하여 불평할 것인지, 차라리 그 시간에 불을 켤 궁리를 할 것인지의 차이 말이지요. 그리고 그런 상황에서 사용할 단어를 바꿔보는 것입니다.

요즘은 우리말의 수난 시대입니다. 신분이나 나이, 직업에 관계없이 거칠고 험악한 말이 일상화된 시대입니다. 욕설도 갈수록 강한 표현으로 진화하고, 일반인들의 언어도 품격과는 거리가 한참 멀어졌습니다.

평소에 무심코 사용하는 단어를 살짝 바꿔봅시다. 이런 작은 변화가 리더에게는 큰 변화를 만들어줍니다. "완전 미친 거 아냐?"라고 할 만큼 화가 나더라도 "너무 무례하다, 너무 지나친 것 아냐?" 정도로 바꾸는 것입니다. "일을 이따위로 하니 내가 못살아, 정말."이라고 할 경우라면 "우리 모두 만족할 수준이 아니니 다시 정리해보자."라고 말하는 것입니다.

리더의 입에서 '개빡친다, 돌아버리겠다'라는 표현이 아무렇지도 않게 나온다면 우선 감정 조절의 문제가 심각한 수준입니다. 부정적인 감정을 표현할 경우에는 수위를 낮출 표현을 찾아보세요. "짜증나 미치겠네."보다는 "걱정이 많이 되네." 정도로 말이지요. 아니면 아예 다른 단어로 대체하는 것입니다. "게을러 터졌어."보다는 "속도가 느려서 염려가 된다."로 말입니다. 같은 의미라도 비용, 가격, 금액, 액수, 예산 등으로 얼마든지 다양하게 표현할 수 있을 것입니다.

'빈틈없다'는 말을 대체할 단어에는 무엇이 있을까요? '면밀하다, 정밀하다, 주도면밀하다, 꼼꼼하다, 치밀하다, 용의주도하다, 세밀하다' 등의 단어가 있습니다. '생각하다'는 어떨까요? '숙고하다, 사유하다, 고민하다, 궁리하다, 감안하다, 재고하다, 유념하다, 고려하다, 꿈꾸다, 바라다' 등으로 다양하게 바꿀 수가 있습니다. 문제는 어휘력입니다.

　말하는 대상과 상황에 따라 적절한 표현을 풍부하게 하려면 알고 있는 어휘가 많아야 합니다. 어휘의 빈곤은 표현의 빈곤을 불러옵니다. 표현이 빈곤하면 감동이나 설득은 포기해야 합니다.

　어휘력을 강화하기 위해 독서가 권장되지만 시간이 많이 걸리는 단점이 있습니다. 그렇다면 남의 말을 들으면서 그들의 표현에 관심을 가져보는 것도 한 방법입니다.

　가장 즉각적인 방법은 유의어 사전을 활용하는 것입니다. 평소에 재미 삼아 인터넷에서 유의어 사전을 찾아 이런저런 단어를 검색해보는 습관을 들이면 기대 이상으로 다양한 표현을 익힐 수가 있습니다.

　집중하지 못하는 사람은 없다고 합니다. 다만 항상 다른 것에 집중하고 있을 뿐이라고 아들러가 말했습니다. 품격 있는 리더가 되기 위해 말투와 표현법에 변화를 시도해보세요. 시간이 없다는 것은 이유가 되지 않습니다. 습관이 되어 변화가 쉽지 않을 뿐입니다.

　습관의 변화는 얼마나 자주 반복하느냐에 달려 있습니다. 습관은 시간이 아니라 횟수의 문제입니다. 진정으로 바라는 마음이 있다면 마법은 일어나게 되어 있답니다.

이불 킥
방지 화법

제가 예전에 다니던 교회에서 어느 날 바닷가로 야유회를 갔습니다. 당시 아침에 바닷가를 산책하는데 옆에 있던 분이 알려줬습니다. 앞에 보이는 저 나무가 해당화라고 말이지요. 그래서 저는 해당화를 보니까 생각나는 노래가 있지 않냐고 말했습니다. 그랬더니 옆에 있던 두 분이 목청껏 노래를 부르기 시작했습니다.

"해당화 피고 지는 섬마을에~."

저는 그 순간 깜짝 놀랐습니다. 나름 교회의 리더들이고 점잖은 중년들인데 해당화를 보자 생각난 노래가 그 트로트일 줄이야. 저는 '해당화가 곱게 핀 바닷가에서~'라는 동요를 생각했거든요. 혼자서 한참을 웃었던 기억이 납니다. 같은 상황에서도 전혀 다른 생각을 할 수 있다는 사실을 새삼 깨달은 경험입니다.

다음 질문을 보고 가장 먼저 떠오른 답은 무엇인가요?
'산토끼의 반대말은?'

일반적으로 집토끼를 떠올릴 것입니다. 또 난센스 퀴즈에 익숙한 사람이라면 죽은 토끼가 생각날 것입니다. 그런데 화학 전공자라면 염기 토끼를 떠올리고, 주식에 빠진 사람이라면 판 토끼가 생각날 것입니다. 이렇듯 같은 질문에도 자신의 경험과 사고 체계에 따라 다양한 대답이 나올 수 있습니다. 모든 사람들이 자신과 같은 생각을 하지는 않는다는 사실을 간과해서는 안 됩니다.

혹시 이불 킥을 해본 적이 있습니까? 리더로서 멋지게 말하고 싶었는데 막상 엉뚱한 말을 하거나, 그 당시에는 내색을 하지 않았지만 속으로는 얼굴이 화끈거릴 정도로 부끄러웠던 경험 말입니다. 본인은 당연하다고 생각한 부분을 상대방은 전혀 다르게 생각하고 있었음을 알게 되면 얼굴이 화끈거립니다. 그래서 섣불리 자신의 생각만을 근거로 판단하면 안 됩니다. 상대방에게 확인하기 전에 미리 판단해서는 안 됩니다. 운전 중 무심코 예측 출발을 하다가 앞 차와 추돌하는 경우와 같은 이치입니다.

지위가 높아지거나 경험이 쌓일수록 말에 관해 주의해야 할 점이 있습니다. 가장 중요한 것은 할 말과 하지 말아야 할 말을 구분하는 것입니다. 그리고 해야 할 때와 하지 말아야 할 때를 분별해야 합니다. 이 두 가지만 지켜도 나중에 이불 킥을 할 일은 거의 없을 것입니다. 물론 이불 킥을 해야 할 상황인지 아닌지 자체도 모르는 리더라면 더 이상 할 말이 없습니다.

강사 초년 시절의 제 경험입니다. 오래전에 잡아놓은 강의 일정이 그 전날 갑자기 취소되는 일이 있었습니다. 프리랜서 강사에게 강의 일정은 곧 돈입니다. 직업으로 강사 생활을 하는 저에게는 강의 일정이 얼마나 잡히는지에 따라 수입이 달라지기 때문입니다. 그때 일정 취소 사실을 조심스레 전하던 담당 직원에게 저는 그만 짜증 섞인 목소리와 표정으로 도대체 일을 어떻게 하는지 모르겠다고 쌀쌀맞게 말했습니다. 강의 취소 사유도 이해가 안 된다고 덧붙이면서요.

나중에 친한 후배 강사가 어떤 이야기 끝에 제게 조언을 해줬습니다. 어차피 취소된 일정에 대해서는 무조건 알았다고 대답하라고 말입니다. 아무리 납득이 안 가는 이유로 취소된 강의라도 한 번 결정된 이상 번복이 안 되는데, 따지거나 불평해봐야 실무 스태프에게 부정적인 인상만 주게 된다면서요. 한마디로 까탈스러워서 불편하다고 공연히 평판만 나빠진다는 것이었습니다.

그날 저녁에 저는 말 그대로 이불 킥을 했습니다. 후배 앞에서 못난 모습을 보인 것이 부끄럽기도 했고, 주어진 상황에 대범하게 반응하지 못한 행동이 후회스러웠습니다. 억울하고 손해가 생긴 것이 사실이더라도 이미 엎질러진 물이라면 공연한 불평과 불만은 말하지 않는 것이 좋습니다. 차라리 그다음에 어떻게 할 것인지를 생각하고 말하는 것이 현명합니다. 이게 바로 쿨하게 반응하는 리더의 현명한 자세입니다.

이미 벌어진 일에 집착하지 않는 것, 문제가 아니라 해결에 초점을 맞추는 것, 긍정적이고 미래 지향적인 단어로 바꿔서 표현하는 것. 이 세 가지만 지켜도 한밤중의 이불 킥은 방지할 수 있을 것입니다. "발 실수는 회복할 수 있어도 말 실수는 만회할 수 없다."라는 벤저민 프랭클린의 표현이 참 지혜롭다고 생각합니다.

섰다고 생각할 때 넘어지기 쉽습니다. 뭘 좀 안다고 생각할 때 사고 치기 쉽습니다. 말도 그렇습니다. 오늘 말이 잘 먹힌다고 생각할 때 실수하기 쉽습니다. 뭐든지 지나치면 모자람만 못한 법입니다.

기분이 너무 좋거나 업(up) 되었을 때가 말을 조심해야 할 순간입니다. 농담이 하나둘 자꾸 먹힐 때 멈춰야 하는데, 하나 더 했다가 선을 넘어 낭패를 보게 됩니다. 이것은 언어 감수성의 문제이기도 하지만, 감정 절제의 문제이기도 합니다.

한번은 강의가 너무 재미있게 진행되고, 학습자들도 열정적으로 참여해 시간 가는 줄 모르게 강의를 하고 있었습니다. 게임을 활용한 강의였는데, 오전 게임에서 꼴찌를 한 팀의 한 학습자에게 지나가면서 잘 좀 해보라고 농담을 건넸습니다. 그리고 오후 강의도 게임으로 신나게 진행하고 마쳤는데 며칠 뒤에 고객사의 담당자에게 클레임이 들어왔습니다. 아무리 생각해도 만족도가 최고인 강의였는데 클레임이

들어오니 당황스러울 뿐이었습니다.

이야기를 들어보니 바로 그 꼴찌 팀의 학습자가 저의 농담에 상처를 받았다고 담당자에게 말했던 것입니다. 너무 즐거운 분위기라서 저의 농담이 그 학습자에게는 농담이 아니었음을 알아차리지 못한 제 불찰이었습니다. 기분이 들떠서 가볍게 던진 한마디가 평소와는 다르게 누군가의 마음을 상하게 할 수 있다는 사실을 깨달은 경험입니다.

조금만 절제하고 농담을 자제했더라면 완벽한 강의로 마무리할 수 있었는데 제가 스스로 옥에 티를 만들었던 것입니다. 공자도 행동보다 말이 앞서는 것을 부끄러워하라고 경고하면서 항상 상대방의 입장과 바꿔서 생각하라고 했습니다.

말에 관한 대표적인 영화로 비포 시리즈가 있습니다. 〈비포 선라이즈〉, 〈비포 선셋〉, 〈비포 미드나잇〉 등으로 시종일관 두 주인공이 대화를 하면서 진행되는 독특한 구성의 영화입니다. 오로지 대화만으로 영화를 만들 수도 있다는 것을 처음 알게 해준 영화입니다. 에단 호크와 줄리 델피의 실감나는 연기와 찰진 대화가 잊히지 않습니다.

그 영화 대사 가운데 나누고 싶은 명언이 있습니다.

"만약 신이 있다면 너나 나, 우리 안이 아니라 우리 사이의 작은 공간에 있지 않을까? 이 세상에 마법이라는 게 있다면 서로를 이해하고 뭔가를 함께 하려는 노력 안에 있을 거야. 물론 실현 불가능하겠지만… 뭐, 그럼 어때. 해답은 노력 속에 있어."

여주인공 셀린느의 대사입니다. 잘 말하는 리더는 바로 이런 마법을 부려야 하지 않을까요? 이불 킥 방지는 덤이고요.

더 좋은 리더는
마음을 다스립니다

당신의 동의가 없이는 아무도 당신에게

열등감을 느끼게 할 수 없다.

- 엘리너 루스벨트

고운 마음,
고운 말

말은 '마음의 알'이라고 표현하기도 하고, '마음 밭'에 비유하기도 합니다. 마음 상태가 말을 결정하기 때문입니다.

기분이 좋고 여유로울 때에는 약속에 늦는다는 상대방에게 알겠다며 조심해서 오라고 대답합니다. 하지만 속상한 일이 있거나 화가 난 상태라면 왜 이렇게 시간을 안 지키느냐고 성질을 부리게 됩니다. 같은 상황, 다른 대응인 것이지요. 말이 고우려면 먼저 마음을 다스려야 합니다.

요즘은 건강 관리에 관심을 갖는 사람이 많습니다. 걷기운동, 홈 트레이닝, PT, 각종 스포츠를 통한 건강 관리 열풍입니다. 중년 이상이라면 건강보조 식품을 한 움큼씩 먹기도 합니다. 해마다 건강 검진을 빼놓지 않는 습관을 갖기도 하지요. 이렇게 몸의 건강에는 세심하게 신경을 쓰면서 정작 마음의 건강에는 무심합니다. 마음 관리에 공을 들이는 사람은 많지 않은 것입니다.

이성복 시인은 〈그날〉이라는 시에서 우리가 사는 세상을 이렇게 묘사합니다.

아무도 그날의 신음 소리를 듣지 못했다
모두 병들었는데 아무도 아프지 않았다

모두가 병을 안고 살아가는데 아무도 아프지 않은 것처럼 포장하고 살아간다고 지적합니다.

요즘은 자기 브랜딩이 유행입니다. 자신을 브랜드 삼아 자기 가치를 높이는 것을 말합니다. 그런데 브랜딩인지 과대 포장인지는 자신만이 알 것입니다. 속으로는 병이 들었어도 겉으로는 아무 일도 없는 듯 살아가는 세상입니다. 자신의 마음을 방치하거나 억누르고 살아갑니다.

직장이나 공동체의 리더 혹은 가정에서의 부모에게 마음

다스리기, 즉 감정 관리는 꼭 필요한 자기 관리 덕목입니다. 리더나 부모의 감정 상태가 구성원이나 자녀에게 미치는 영향력은 대단히 중요하고도 크기 때문입니다. 리더의 감정 상태가 조직 문화를 결정하고 소통의 수준을 결정하기도 합니다. 무엇보다도 리더 자신의 리더십 수준과 성과에 직결되는 문제인 것입니다.

디즈니 애니메이션 〈인사이드 아웃〉을 한번 참고해보면 좋을 것입니다. 저도 강의를 통해 많은 학습자들과 여러 번 감상하면서 소감을 나누고 인사이트를 얻은 영화입니다. 이미 시청했던 분들도 강의를 통해 다시 보니까 전혀 새로운 느낌을 받았고, 마음 관리에 큰 도움을 받았다고 이야기했습니다. 게다가 재미를 얻는 것은 또 다른 즐거움입니다.

그 영화의 주인공은 '기쁨이'입니다. 슬픔이, 버럭이, 까칠이, 소심이와 함께 모두 다섯 감정이 등장하는데 각각의 감정이 얽히고설키면서 벌어지는 에피소드를 그렸습니다.

감독은 무려 3년 동안이나 심리학 공부를 하면서 영화를 준비했다고 합니다. 감정 캐릭터들은 자기만의 색깔이 있는데 기쁨이는 노란색이고, 슬픔이는 파란색, 버럭이는 빨간

색입니다. 그런데 잘 살펴보면 기쁨이가 몸은 노란색이지만 머리칼은 파란색인 것을 알 수 있습니다. 슬픔 없이는 기쁨도 없고, 기쁨과 슬픔은 공존하는 것임을 상징적으로 보여줍니다.

영화 초반에서 기쁨이가 슬픔이를 억누르고 불편한 대상으로 여기는 것처럼 우리는 긍정적 감정만을 바라는 경향이 있습니다. 분노나 슬픔과 같은 부정적 감정은 나쁜 것으로 인식하기도 합니다. 하지만 감정 그 자체는 가치 중립적인 것입니다. 특정 감정만 좋다고 할 수는 없습니다.

감정을 관리하려면 이런 인식의 전환이 중요합니다. 분노나 우울의 감정이 생긴다고 나쁜 것이 아니라는 사실에 동의해야 건강하게 관리할 수가 있습니다. 영화에서도 슬픔이가 있기 때문에 공감이 가능했고, 정작 주인공의 외로움에 결정적인 도움을 준 것은 슬픔이의 눈물이었습니다.

좋은 리더가 되려는 강박관념 때문에 부정적 감정을 억누르거나 회피하려는 태도를 보이는 것은 바람직하지 않습니다. 모든 감정은 자연스러운 것으로 직면하고 수용하는 것이 좋습니다. 부정과 억압은 무의식적으로 자신을 보호하려고 부정적 감정을 못 본 체하는 성숙하지 못한 방어기제입니다. 자신의 마음을 속이는 행위인 것입니다. 내면에서 올라오는 화, 슬픔 등의 감정을 스스로 인식하고 일단 인정해야 건강할 수 있습니다. 없는 척한다고 없어지는 것이 아니기 때문입니다.

부부 세미나나 리더십 워크숍에서 제가 종종 하는 일이 있습니다. 2분 동안 자신이 알고 있는 감정을 나타내는 단어를 최대한 많이 써보게끔 하는 것입니다. 학습자들은 열심히 집중해서 써내려가지만 얼마 못 가서 대개는 멈칫합니다. 그리고는 고민하기 시작합니다. 생각보다 많이 쓰기 어렵다는 것을 체험하는 것입니다. 2분 동안 열 개 정도 쓰면 보통 수준입니다. 통상 많아야 20개 쓰는 정도입니다.

한번 시도해보세요, 나는 2분 동안 감정 단어를 몇 개나 쓸 수 있는지. 마음을 다스리는 가장 기본적인 방법은 감정 단어를 많이 알아두는 것입니다.

위의 실험에서 밝힌 대로 우리는 고작 20개 남짓의 감정 단어를 알고 있습니다. 그런데 자신의 감정을 인식하고 측정하는 도구인 무드 미터(Mood Meter)에 따르면, 인간의 네 가지 대표적인 감정에 무려 100개의 감정 단어가 있습니다. 분노의 감정만 해도 단지 '짜증 난다'가 아니라 '초조하다, 불안하다, 거슬린다, 언짢다, 불편하다, 불쾌하다, 골치 아프다, 염려된다, 안절부절못한다, 우려된다, 격분한다' 등의 25 가지 단어로 표현이 가능한 것을 알 수 있습니다.

어휘력이 빈약한 사람은 감정적으로도 빈곤한 삶을 살게 되며, 어휘력이 풍부한 사람은 자신의 경험을 채색할 다양한 물감이 가득한 팔레트를 갖고 있는 셈이라는 앤서니 라빈스의 설명이 무릎을 치게 만듭니다.

리더로서, 부모로서 우리는 얼마나 다양한 감정 단어를 사용하고 있는지 '뒤살피는(이모저모 두루 둘러보는)' 지혜가 필요합니다.

쉬운 사례로 아이들의 감정 단어를 주목해보세요. "아, 짜증 나." 아니면 "오, 대박!"으로 모든 상황이 종료됩니다. 숱한 감정의 소용돌이 속에서 감정을 추스르거나 갈등을 해결하는 능력은 찾아볼 수가 없는 현실입니다.

한 걸음만 더 내디뎌서 진짜 속 감정을 찾아보는 방법도 마음 다스리기에 효과 만점입니다. 예를 들어 언뜻 슬프고 우울한 감정이 들었을 때 이 감정의 진짜 근본에는 무엇이 자리하고 있는지를 찬찬히 살피는 것입니다.

저는 아버지를 28년 동안 한집에서 모시고 살았는데, 89세의 어느 날 갑자기 응급실로 가셨다가 다음 날 아침에 그대로 세상을 떠나셨습니다. 정신없이 장례를 치르고 나니 그제서야 슬픔이 몰려왔습니다. 아버지의 방을 정리하고 필요한 서류 정리도 하면서 본격적으로 슬픔을 오롯이 혼자 느끼게 된 것입니다.

우울감이 한 달이 지나도록 가시지 않아서 걱정도 되고 생각이 복잡해졌습니다. 그런데 깊이 생각하던 중 슬픔 아래에 깔려 있는 진짜 감정이 툭 올라왔습니다. 아쉬움! 이렇게 하루 만에 갑자기 이별하게 될 줄 알았더라면 더 좋은 말만 했을 텐데, 돌아가시기 직전에 그런 말들은 하지 않았을 텐데 하는 아쉬움이 느껴진 것입니다. 이런 속 감정의 실체를 알게 되자 신기하게도 차츰 감정이 정리되는 것을 경험했습니다.

자신의 마음을 알기는 생각보다 쉽지 않습니다. 그런데

리더는 먼저 자신의 마음을 알고 관리할 수 있어야 합니다. 마음을 잘 다스리면 리더의 의사결정에 도움이 됩니다. 타인과의 관계 형성에도 긍정적인 영향을 주면서 성과 향상으로 이어집니다.

부정적 감정이 올라오면 일단 받아들이세요.

'내가 지금 화가 났구나.'

화가 난다고 나쁜 것은 아니지만 화를 리더답게 말로 잘 전달하려고 의식적으로 생각해야 합니다. 그리고 자신의 감정을 정확한 감정 단어로 표현하며, 바라는 바를 단호하되 정중하게 말하면 됩니다.

화 제대로
다스리기

어쩌다가 우리나라도 묻지 마 살인 사건이 수시로 발생하는 사회가 되었습니다. 말 그대로 특정한 원인이나 인과 관계 없이 무차별적으로 사람을 해치는 범죄가 자주 발생하고 있습니다. 그뿐 아니라 사회 곳곳에서 각종 진상들이 활개를 치고 있습니다.

진상 고객은 이미 고전에 속하는 부류이고 진상 학부모도 등장했고, 회사에는 진상 상사가 버티고 있습니다. 이들 진상의 특징은 분노 표출 수위가 상상을 넘는 수준이고, 그 방법 또한 매우 폭력적이라는 것입니다.

강남역, 신림역, 서현역 등의 묻지 마 살인 사건을 보면 알 수 있듯이 분노는 옳고 그름의 문제와는 상관없이 강함과 약

함의 흐름을 타고 있습니다. 강한 쪽이 약한 쪽으로 분노를 흘려보내는 것입니다. 부모가 자녀에게, 상사가 부하에게, 나이 많은 쪽이 젊은 쪽에게, 혹은 힘센 쪽이 약한 쪽에게 일방적으로 내던지는 형식입니다. 그래서 분노가 만드는 결과는 그 피해가 크고 심각합니다.

앞에서 이미 언급했듯이 분노 자체가 나쁜 것은 아닙니다. 분노가 있어야 변화를 추진하기도 하고, 부당함에 맞대응하기도 합니다. 분노의 에너지가 긍정적인 역할을 할 때도 있습니다. 그런데 분노의 에너지가 어디로 향하는지에 따라 스스로를 공격하는 자책이 되기도 하고, 타인을 공격하는 괴롭힘이 되기도 합니다. 자신에게 분노하다가도 만족할 만큼 해결이 안 되면 방향을 틀어 타인을 향하는 것이 분노의 속성입니다.

갑질(Gabjil)이라는 단어 이전에 이미 세계적으로 공인된 의학 용어로 '화병(火病)'이라는 단어가 있습니다. 영어로는 'Hwa Byung'이라고 표기합니다. 그 의미를 적절하게 표현하는 다른 영어 단어를 놔두고 굳이 한글식 표현을 사용합니다. 우리나라에서 출발한 단어이기 때문입니다. 아시다시피 우리나라에서는 한의학적 진단명으로 '화병'이라는 용어를 사용한 지 오래되었습니다.

화는 마음에서 열이 발생하는 것을 말합니다. 열이 나면 우선 식히는 것이 급선무입니다. 마음의 열도 마찬가지입니다. 그래서 화가 나면 호흡을 통해 일단 화를 가라앉힐 것을 권하고 있습니다. 학자에 따라 시간은 조금 다르지만 어쨌든 화가 치밀어 오를 때에는 3초든 5초든, 숨쉬기를 하면서 호흡을 가다듬으면 효과가 있습니다. 일단 열을 식혀야 다음 단계의 치료가 가능하기 때문입니다.

그런데 열을 식혀야 할 상황에 도리어 다른 화가 얹히기도 합니다. 화 위에 화가 쌓이는 것이지요. 이렇게 화 위에 화가 쌓인 상황을 보면 '염(炎)' 자가 됩니다. 화를 식히지 못하고 다시 화가 쌓였다는 것은 마음에 염증이 생겼다는 것입니다. 이것이 반복되면서 화병이 되는 것입니다.

그렇다면 마음의 염증인 이런 화병을 리더는 어떻게 풀어야 할까요? 화는 말로 잘 풀어야 성숙한 리더가 됩니다. 전문가라고 하면서 가끔 잘못된 처방을 제시하는 경우가 있습니다. 남들이 듣지 않는 곳에서 마음에 담아두었던 화를 욕설로 시원하게 내뱉으라고 말입니다. 혼자 있는 공간에서 분노를 담은 욕설을 상상 속의 상대방에게 내뱉거나, 심하게는 베개를 내리치면서 분노를 풀어보라고 조언하는 경우도 있습니다. 이것은 매우 위험한 방법입니다.

순간적으로 카타르시스를 느낄지는 모르겠지만 궁극적으로는 건강한 인격으로 성장하지 못합니다. 오히려 잠재적인 폭력성을 키우는 나쁜 결과를 만들기도 하므로 피해야 할 방법입니다. 카타르시스는 원래 배설을 의미합니다. 무엇이든 적절하게 배출하는 것은 건강을 위해 필요한 일입니다. 하지만 이런 방식의 감정 표출은 그야말로 배설 그 이상도, 이하도 아닙니다.

성숙한 리더는 노련하고 품격 있게 말로 표현합니다.

"When they go low, we go high."

미국 대통령 선거전에서 미셸 오바마가 한 멋진 말입니다. 상대방이 저급하게 나오더라도 우리는 품격 있게 나가자는 말입니다. 이런 언어의 품격이 리더십의 수준을 알게 해주는 것입니다. 감성 지수가 높은 사람들은 상대방의 공격과 분노에 어설프게 맞받아치거나 징징대지 않습니다. 당당하게 소화할 뿐입니다.

분노가 일어날 때 효과적이고 노련한 3단계 화법이 있습니다. 우선 화가 나는 사실에만 한정해서 말하는 것입니다. 상대방의 인격이나 관련 없는 일까지 건드리면 안 됩니다.

"본인의 퇴근 시간만 중요하게 여기다니, 왜 그렇게 사람이 이기적이냐?"보다는 "업무 마감이 안 된 채로 퇴근해서 설명회 자료 작성을 할 수 없었어."라고 팩트만 지적하는 것이 좋습니다. 상대방을 비난하거나 리더가 평가하는 말투가 섞이면 일이 더 꼬이게 됩니다.

그다음으로는 리더 자신의 감정 상태를 알려줘야 합니다. "내가 힘들어서 못해먹겠다."라는 말보다는 "업무 지시를 중요하게 생각하지 않는 것 같아서 내가 속상하고 언짢다." 등으로 표현해야 합니다. 리더 자신의 마음 상태가 어떤지 알릴 뿐 상대방이 나쁘다고 공격하는 것은 아닙니다. 가정에서 부모가 자녀에게도 똑같이 적용할 수 있습니다. 지적인 대화는 매너를 지키면서 양방향적으로 주고받는 것이지 지적질을 하는 것이 아닙니다.

마지막으로는 리더가 원하는 사항을 구체적으로 전해야 합니다. "제발 똑바로 좀 하라고."라는 식으로 모호하게 표현해서는 안 됩니다. "협업 상황의 프로젝트가 진행될 때에는 그날의 업무 마감을 상호 체크하면서 퇴근 시간을 조절하자. 특별한 사정이 있을 경우에는 5시 이전에 단톡방에 상황을 설명하고 인수인계를 하도록 하자."라고 명확하고 구체적으로 말해야 하는 것입니다. 두루뭉술하게 표현해놓고 상대가 알아듣기를 바라면 안 됩니다.

이렇게 분노 상황에서 3단계 화법을 사용할 때 지켜야 할 기본적인 철학이 있습니다. 그것은 바로 불만은 말하되, 비난은 하지 말라는 것입니다. 우리는 불만을 말할 때 화를 내도 된다고 생각합니다. 그리고 화를 내는 것에는 비난도 포함된다고 잘못 생각합니다. 불만 사항을 표현하는 것과 상대방을 비난하며 화를 내는 것은 다른 문제입니다. 이것을 구분해야 분노 상황에서도 품격을 잃지 않고 대화를 할 수 있습니다.

한국인이 화를 내는 가장 큰 이유는 '상대방이 내 마음 같지 않아서'라고 합니다. 그런데 다시 생각해보면 상대방이 꼭 내 마음과 같아야 할 이유나 당위성은 없습니다. 관습적으로 리더의 생각과 지시를 구성원이 같은 마음으로 따르는 것이 당연하다고 생각할 뿐입니다. 관점을 바꿔보면 화가 덜 날 수 있습니다. 꼭 그래야 한다거나, 당연히 이래야 한다는 기준을 내려놓아야 하는 것입니다. 기억하시죠? 가수 양희은 씨의 책 제목《그럴 수 있어》.

성경을 뜻하는 '캐논'이라는 단어는 원래 갈대라는 뜻의 '카네'라는 히브리어에서 파생되었습니다. 고대 사회에서는 갈대가 길이를 재는 기준이었습니다. 우리는 누구나 삶의 기준이 되는 자($尺$)를 갖고 살아갑니다. 그런데 그 기준이 빡빡하고 촘촘할수록 불편할 때가 많습니다. 여간해서는 그 기준을 통과하기 힘들기 때문에 본인도 힘들고 상대방도 거슬리는 것입니다. 결정적인 부분 외에는 다소 기준을 느슨하게 적용하는 것도 분노를 조절하는 방법이 됩니다.

리더는 선택적 주의(selective attention)에 빠지면 안 됩니다. 선택적 주의란 무의식적으로 상대방의 잘못에만 관심을 두고 잘한 부분은 신경 쓰지 않는 현상을 말합니다. 세상에는 모든 일을 완벽하게 할 수 있는 사람도 없고, 아무 일도 못하는 무능력자도 없는 법입니다. 마음에 들지 않는 점이 있더라도 리더는 입체적으로 관찰하여 잘한 부분과 잘못한 부분을 객관적으로 파악해야 합니다.

리더가 선택적 주의에 빠지면 구성원은 무기력에 빠지고 포기하게 됩니다. 잘못은 야단치더라도 칭찬할 부분은 공정하게 인정하는 밸런스가 감정의 균형도 맞춰주는 것입니다.

가짜 긍정에
속지 않기

양 갈래 방식의 수도꼭지에서 더운 물을 잠근다고 찬물이 자동으로 나오지는 않습니다. 더운 물을 잠그는 행위와 찬물을 트는 행위는 별개로 이루어져야 합니다. 마음 다스리기도 마찬가지입니다. 부정적 감정을 잘 관리한다고 해서 긍정적 감정이 저절로 생기지는 않습니다. 분노가 가라앉는다고 해서 기쁨이 저절로 생기지는 않는 것이지요.

리더의 마음속에 어떤 감정이 더 많이 자리 잡고 있는지에 따라 입에서 나오는 언어가 달라집니다. 분노는 외부의 스트레스를 감당할 수준을 넘어설 때 발생합니다. 외부에서 스트레스가 공격을 해와도 충분히 감당할 만큼의 좋은 에너지가 내면에 쌓여 있다면 여유롭게 대처가 가능합니다.

분노를 줄이는 노력 못지않게 긍정의 감정을 확보하려는 노력도 중요합니다. 스스로 행복하다고 느끼는 사람은 부정적 감정보다 다섯 배 정도 더 많은 긍정적 감정을 갖고 있다는 연구 결과도 있습니다.

그런데 긍정이란 단어를 오해하는 사람이 많습니다. 사회적으로 긍정을 강조하는 현상 때문인지 무슨 일이든 무조건 좋게만 해석하는 것을 긍정이라고 착각합니다. 이런 식의 무조건적인 긍정은 자기 기만일 뿐입니다.

자기 기만은 얼마 못 가서 그 효력을 다하게 됩니다. 다시 현실로 돌아오면 부정적 감정이 더 커져버리는 것이지요. 주식이 반토막 났는데 현실을 부정하고 무조건 좋게 해석한다고 힘이 나겠습니까? 긍정의 본질은 현실을 있는 그대로 받아들이는 것입니다.

구성원이 업무 실수를 해서 부정적 사건이 발생하면 애써 왜곡할 것이 아니라 일이 잘못되었음을 사실 그대로 받아들여야 합니다. 그리고 한 걸음 더 나아가서 할 수 있는 일을 찾아보는 것이 진짜 긍정입니다. 지금 상황에서 무엇을 어떻게 하면 수습할 수 있을지를 생각하는 것입니다.

긍정적인 사람이라고 무조건 자신의 모든 부분에 만족해야 하는 것은 아닙니다. 다소 불만족스러운 부분이 있다는 것을 알면서도 만족하는 부분에 집중하며 살아가는 사람이야말로 긍정적인 사람입니다.

강점으로 사는 사람이 있는가 하면, 장점으로 사는 사람이 있습니다. 강점과 장점은 조금 다른 개념입니다. 강점은 상대적인 것을 말합니다. 누군가와 비교했을 때 월등히 나은 점이 강점입니다. 100점 만점에 120점 정도는 되어야 강점이라고 할 수 있습니다. 그런데 장점은 다릅니다. 비교 대상이 없습니다. 그냥 자기 자신 안에서 좋게 여겨지는 점이 장점입니다. 누구보다 월등할 필요가 없습니다. 긍정의 감정은 강점에서도 나오지만, 장점에 주목할 때에도 나온다는 사실을 기억하기 바랍니다.

구성원을 대할 때에도 마찬가지입니다. 리더로서 상대적 비교 기준을 바탕으로 구성원을 바라보면 못마땅한 점이 눈에 띄게 됩니다. 그러면 그 사람의 강점을 못 찾게 되니까 부정적인 감정이 생길 수 있습니다. 비록 강점은 못 찾아도 장점을 찾게 되면 나름의 긍정적인 마음이 생깁니다.

리더의 역할은 결과에 대한 비판과 평가가 아니라 과정에서의 태도, 스킬 등을 망라하여 상대가 잘할 수 있도록 피드백을 하는 것입니다. 어느 구름에 비가 들었는지 모른다는 노랫말도 있지 않습니까? 이것이 긍정적인 리더의 모습입니다.

긍정적 감정을 생성하려면 생각과 사실을 구분하는 분별력이 필요합니다. 자신의 생각이 실제 사실과 다르지 않은지 잘 판단해야 합니다. 부정적인 리더는 '도대체 제대로 하는 일이 하나도 없다'고 생각합니다. 반면 긍정적인 리더는 그런 생각이 과연 사실인지 점검해봅니다.

'몇 가지 잘못은 했지만 그렇다고 팀에 전혀 도움이 안 되는 사람이라고 판단해도 될까?'

이런 식으로 어떤 생각이 사실과 다른지 살펴봐야 합니다.

또 리더 자신에게도 같은 원리로 다가서야 합니다. 스스로 리더가 되기 전보다 업무 성과가 좋지 않고, 자신감도 떨어진다고 느껴질 수 있습니다. 그런 순간이 오면 먼저 생각과 사실을 비교해봐야 합니다. 리더로서의 부담감에 힘이 들기는 하지만 지난 한 해 동안 팀을 이끌어왔다는 사실을 간과해서는 안 됩니다. 잘해낸 부분과 잘하지 못한 부분을 나눠서 평가하면 막연하게 부정적으로 치닫는 생각을 구체적인 사실로 막을 수 있습니다.

'심장이 철렁했다, 가슴이 떨린다, 식은땀이 난다, 간이 콩알만 해졌다, 숨이 멎을 뻔했다' 등의 표현을 우리는 자주 사용합니다. 이것은 신체와 감정이 연결되어 있다는 것을 말해줍니다. 다시 말해 감정 상태는 우리의 몸에 영향을 줍니다. 부정적인 감정일 때에는 몸이 반응을 합니다. 또한 긍정적인 감정일 때에도 그에 따른 반응을 합니다. 따라서 외형적인 모습을 통해 그 사람의 감정 상태를 어느 정도 가늠할 수 있습니다.

그렇다면 긍정적 감정을 위해서는 신체에 어떤 변화를 주면 어떨까요? 가볍게 얼굴에 미소를 띄워보는 것도 좋습니다. 웃음이 나오지 않아도 미소를 머금는 행동으로 즐거운 감정을 유발하는 것이지요. 의도적으로 가슴을 펴고 허리를 바로 세우는 것도 좋습니다. 표정과 자세가 감정을 바꿔주기도 합니다. 시선을 정면으로 향하고 목소리도 평소보다 크고 높은 톤을 유지하면 마음 상태가 달라질 것입니다. 감정이 행동을 바꾸기도 하지만 행동이 감정을 바꾸는 것도 사실입니다.

긍정적인 리더라고 해서 모든 일이 술술 풀리는 것은 아닙니다. 누구나 일이 잘될 때도 있고 안 될 때도 있습니다. 그런데 긍정적인 리더는 일이 잘 안 풀리는 상황에서도 긍정적인 구석을 찾아냅니다. 희망의 끈을 찾아내 긍정적으로 마무리를 합니다. 그래서 비록 잘못된 상황에 처하더라도 결론은 가능성과 긍정으로 이어집니다. 저는 이것을 응용해 '다행이야 화법'을 정리했습니다.

"오늘 배송에 오류가 생겨서 진땀을 뺐네, 힘들어 죽겠다."

이렇게 말하는 상황에서 긍정적 감정을 만들려면 다음과 같이 말을 바꾸는 것입니다.

"오늘 배송에 오류가 있었지만 주문이 취소되지 않아서 그나마 다행이다."

목표 달성을 못했을 경우에도 "오늘 목표 달성을 하지는 못했지만 주말까지 아직 시간이 남아 있어서 다행이다."라고 결론의 말은 긍정으로 마치는 화법입니다. 어떤 상황에서든 긍정의 실마리에 주목하고 말을 연결하는 습관이 필요합니다.

심각한 트라우마를 겪고 나서 오히려 긍정적인 회복과 성장을 경험하는 사람이 있습니다. 이런 현상을 '외상 후 성장'이라고 합니다. 긍정적 감정은 태생적으로 생기는 것이 아니라 후천적인 훈련과 학습을 통해 만들어집니다. 고난을 겪는다고 모두 무너지지는 않습니다. 감정 관리도 전략입니다. 배우고 반복하며 적용하는 경험을 통해 만들어지는 것입니다.

힘든 일을 겪고 나면 그 기억이 계속해서 괴롭힙니다. 그런데 사건이나 기억은 없앨 수가 없어도 그와 관련된 감정은 바꿀 수가 있습니다. 우선 괴로운 사건을 반추하지 말아야 합니다. 안 좋은 사건을 자꾸 되돌아보는 것은 백미러만 보면서 운전하는 것과 같이 위험합니다. 몇 번 생각하거나 반성했으면 그것으로 그만입니다. 거기에 더 이상 감정을 얹지 말아야 합니다. 감정이 얹히지 않은 기억은 시간이 지나면 희미해지기 마련입니다.

리더로 살아간다는 것은 누군가를 돌본다는 의미도 됩니다. 그런데 다른 사람들을 돌보다 자칫 리더 자신을 돌보지 못하는 일이 생기기도 합니다. 일에 치이고 사람에 치이면 번아웃 증후군이 찾아올 수 있습니다.

리더 자신을 돌보는 일도 절대 놓쳐서는 안 됩니다. 비행기에서 산소호흡기 쓰는 순서를 생각하면 좋습니다. 내가 먼저 산소호흡기를 써야만 옆 사람을 돌볼 수가 있습니다. 이기적인 것과는 다른 문제입니다.

반드시 일정한 간격으로 혼자만의 시간을 갖거나, 반대로 타인과의 주기적인 교류를 멈추지 말아야 합니다. 고스톱에 능한 리더가 오래갑니다. 가야 할 때 가고, 멈춰야 할 때 멈추는 리더가 되어야 합니다.

마음이 무너지면 모든 것이 무너집니다. 마음이 말랑말랑해야 말이 예쁘게 나옵니다. 반칠환 시인이 노래한 것처럼 '보도블록 틈에 핀 꽃 한 송이가 걸음을 멈추게 할 때 잠시 멈추는 그 힘으로 또다시 걸어가는' 긍정의 리더가 되어 보세요.

마음의 중심 잡기, 중꺾마

미움받을 용기, 회복 탄력성, 그릿, 자존감. 최근 우리나라에 불어닥친 열풍입니다. 아마 한 번쯤은 들어봤거나 관련 책도 읽어보셨을 것입니다.

2022년 월드 챔피언십에 참가한 우리나라 프로 게이머의 인터뷰 영상에서 시작되어 그해 최고의 유행어가 된 말이 있습니다.

"중요한 것은 꺾이지 않는 마음."

지금도 '중꺾마'라는 줄임말로 널리 사용되고 있습니다.

인생에서 중요한 것은 시련이 있더라도 꺾이지 않는 마음을 갖는 것입니다. 심리학에서는 이런 꿋꿋한 마음 상태를

'그릿(Grit)'이라고 표현하고 있습니다. 불굴의 투지, 집념 등으로 번역할 수 있는 그릿은 모든 성공의 가장 핵심적인 요인으로 밝혀졌습니다. 그리고 그릿으로부터 행복한 삶이 시작된다는 사실도 알려졌습니다. 학생에게는 학업 성취도에 영향을 미치며, 어른들에게는 삶의 의미와 긍정 정서를 만들어주고 행복한 결혼 생활을 이어가게 만드는 원동력이 된다는 것입니다.

서울대학교 행복연구센터에 따르면, 우리가 행복한 삶을 살아가려면 노력을 지속하며 흥미를 유지하는 능력이 꼭 필요하다고 합니다. 자신의 전문 분야에서 꾸준한 노력을 기울이며 흥미를 잃지 않는 것이 중요한데, 그것이 바로 그릿입니다. 비교적 오랜 기간 동안 자신의 목표에 집중하고 관심을 유지하며 역경과 장해물을 헤쳐나가는 사람일수록 긍정의 정서가 많고 삶의 만족도가 높다고 합니다.

우리의 삶을 행복하게 만들고 좋은 리더십을 발휘하게 하는 모든 에너지는 중심을 잃지 않을 때 생깁니다. 리더 자신의 정체성을 명확히 파악하고, 상황과 환경에 흔들리지 않는 단단한 중심 잡기가 선행되어야 그릿이나 자존감도 강해지는 것입니다.

좋은 리더가 되고 좋은 부모가 되는 것도 결국 출발점은 자기 자신입니다. 건강한 자기애가 있어야 좋은 리더가 될 수 있습니다.

사회심리학자 에리히 프롬은 자기 자신에 대한 애착과 배려가 부족하면 불행해진다고 했습니다. 그리고 이기심과 자기애는 결코 같은 것이 아니라 정반대되는 것이라고 이야기합니다. 더 나아가서 자기 자신을 사랑하면서 마찬가지로 타인도 사랑하는 사람은 위대하고 올바른 사람이라고 말합니다. 그래서 잘 말하는 리더, 같이 밥 먹고 싶은 리더가 되는 출발점에는 리더 스스로를 인정하고 사랑하는 건강한 자기애가 있어야 합니다.

자기 자신을 사랑한다는 개념은 오해하기 딱 좋습니다. 나 자신을 사랑하는 것과 나만 사랑하는 것은 전혀 다른 것인데 말이지요. 소위 나르시시즘과 건강한 자기애는 다른 것입니다.

나르시시즘은 타인과 자신을 비교하여 근거 없이 자기가 우월하다고 믿는 마음입니다. 하지만 자기애와 자존감은 타인과의 비교가 아닌 자신의 존재에 대한 사랑입니다. 나의 선택이나 행동을 사랑하는 것이 아니라 '나'라는 존재 가치를 사랑하는 것을 말합니다.

　　나르시시즘이나 지나친 자기애로 본인 스스로의 만족감은 높을 수 있습니다. 하지만 과장된 우월감과 과시욕, 지배욕으로 인해 반사회적인 성향을 보이기도 하여 대인관계에 문제가 생기기도 합니다. 긍정의 정서를 강화하고 행복도를 높이며 타인과의 관계에 좋은 영향을 끼치려면 남과의 비교가 아닌 자기 존재 가치에 초점을 맞추는 건강한 자기애가 필요합니다.

　　요즘은 '자신을 사랑하라. 자존감을 높여라.' 등의 이야기가 일상화되었습니다. 그런데 자존감을 높이는 것과 자신을 사랑하는 것을 올바로 이해하지 못해 심각한 부작용이 생기고 있습니다. 나만 사랑하는 못된 사람을 키워내고 있는 것입니다.

어쩌면 자존감을 강조하는 사회가 된 것 자체가 문제일지도 모릅니다. 결과 중심의 치열한 경쟁 사회가 되면서 서로 비교하며 우열을 가리는 사회가 자존감을 이토록 중시하게 만든 것입니다. 서로의 존재 자체를 존중하고 배려하며, 성과만으로 차별하는 사회가 아니었다면 애초에 자존감을 강조할 필요가 없었을 것입니다.

아무리 훌륭한 리더라도 모든 면에서 완벽할 수는 없습니다. 비록 리더라는 자리의 책임감이 크더라도 자신이 완벽하지 못하다는 사실을 부정해서는 안 됩니다. 차라리 잘할 수 있는 일과 잘할 수 없는 일을 명확히 구분해서 인지하는 것이 더 좋은 자세입니다.

자신이 무엇을 잘 못하는지를 아는 것이 진짜 실력입니다. 하면 되는 일과 해도 안 되는 일을 구분하는 실력과 안목이 진짜 긍정입니다. 이런 진짜 리더십이 구성원도 행복하게 만듭니다.

컴패션(compassion)이란 단어를 보면 com은 '함께'라는 뜻이고, passion은 '고통'이라는 뜻입니다. 즉, 누군가의 고통을 함께 느끼고 나누는 것을 의미합니다. 여기서 새롭게 등장한 'self-compassion'이라는 용어가 있습니다. '자기 자비'라는 뜻으로, 타인의 고통이 아니라 자기 자신의 고통을 스스로 함께 나눈다는 의미입니다. 리더로서 힘이 들어 지칠 때, 마음에서 분노가 일어날 때, 뜻대로 되지 않아서 좌절할 때, 스스로에게 실망할 때에는 자기 자비가 필요합니다.

실수하고 실패하더라도 자기 자신에게 따뜻하고 친절하게 대해야 합니다. 나에게만 일어나는 일이 아니라 누구에게나 일어날 수 있는 일이라고 관대하게 생각할 필요가 있습니다. 그리고 결과에만 집착해서 자기 비판을 하지 않고, 어떤 결과든 성장의 기회로 받아들이는 객관적인 자세가 자기자비입니다. 자신에게 지나치게 관대해도 문제가 되지만, 지나치게 가혹해도 좋지 않습니다. 자기 자비를 실천하는 리더는 타인의 고통을 함께 나눌 기반을 갖춘 것이나 마찬가지입니다.

인생은 마라톤이라고 말합니다. 그런데 평생 꽃길만 걷게 해준다는 것은 과장이고 헛된 말이 아닐까요? 이는 곧 가짜 긍정과 같습니다. 리더의 길이 꽃길로만 가득할 수는 없습니다. 리더십의 긴 여정에서 고난과 시련을 마주하더라도 그것이 끝이 아닙니다. 목표에 턱없이 부족한 결과나 성과를 부여잡고 자책하거나 포기하면 안 됩니다. 다시 시작할 수 있다고 믿어야 합니다. 정호승 시인의 말처럼 길이 끝나는 곳에서도 스스로 길이 되는 사람이 멋진 리더랍니다.

홍부는 놀부에게 항상 당하고만 살았습니다. 신데렐라는 새엄마의 구박 속에 살았습니다. 마법에 걸린 왕자는 개구리의 모습으로 살았습니다. 미운 오리 새끼는 다른 오리들에게 왕따를 당하고 살았습니다. 그래서 포기하려고 했습니다. 그 순간 각각의 주인공이 나타나서 말했습니다. 이제부터 시작이라고, 이야기의 끝은 달라진다고. 일본의 자살 방지 광고를 약간 패러디해본 것인데, 그럴듯하지 않나요?

리더가 마음의 중심을 잡는 것은 리더십의 출발이고 기초입니다. 스스로에게 인정과 격려를 보내본 경험이 있어야 타인에게도 인정과 격려를 보내게 됩니다. 나에게 따뜻한 말을 건네봐야 타인에게도 따뜻하고 친절한 말을 건네게 됩니다. 자기 자신을 충분히 사랑하고 격려해주세요. 그리고 그 사랑의 마음을 타인에게 흘려보내주세요.

마음이 건강한 리더는 스스로 자책할 법한 상황에도 쉽게 무너지지 않습니다. 분노가 일어나서 원망스러운 상황에도 함부로 폭발하지 않습니다. 실패 앞에서 무기력하게 포기하지 않습니다. 마음의 평형수가 올바르게 작동하기 때문에 다시 중심을 잡게 됩니다.

심리학자인 하인즈 코헛은 현실을 직시하며 꿈과 이상을 실현하기 위해 자신의 핵심 자아를 강화하는 사람을 정서적으로 성숙한 사람이라고 말합니다. 마음에도 코어 근육이 중요합니다.

가수 자우림의 〈이카루스〉 노랫말을 보면 따뜻한 희망이 보입니다.

아무도 움직이지 않고 가만히 숨을 죽인 채로

멍하니 주저앉아 있으면 아무것도 변하지 않아

자, 힘차게 땅을 박차고 달려보자

저 먼 곳까지

세상 끝까지

말이 폭력이
되지 않게

요즘도 방송에 자주 나오는 유명한 정신과 전문의가 있습니다. 저는 10년 전쯤에 그분의 강의를 현장에서 들은 적이 있습니다. 저 역시 부모 교육에 관한 책을 쓰기도 했고 부모 교육 강사로 활동하고 있어서, 다른 전문가의 부모 교육 강의는 좋은 배움의 기회라고 생각해서 참석을 했습니다. 제가 속한 부모 교육 관련 모임의 동료들과 함께 참가한 자리였습니다.

강의 도중에 그분은, 사춘기 자녀와 소통이 잘되고 있는 사람은 손을 들라고 했습니다. 저를 포함해서 불과 한두 명이 손을 들었습니다. 저도 예상은 했지만, 대부분 손을 들지 않았습니다. 쑥스러워일 수도 있고, 실제로 소통이 잘 안 되고 있어서 그랬을 수도 있겠지요. 그러자 그 강사분이 슬며시 미소를 지으며 말했습니다. 지금 손을 든 분들은 거짓말을 하고 있거나 뭔가 크게 착각을 하고 있다고 말입니다. 저는 순간 얼굴이 화끈거리고 화도 났습니다.

저도 강의로 먹고사는 직업을 갖고 있어서 그분의 강의 방식에 대해 뭐라고 할 수는 없지만 지금도 그 생각을 하면 많이 아쉽습니다. 웃자고 일부러 반전의 멘트를 던진 것이겠지만 그 말을 듣는 저로서는 무척이나 당황스럽고 억울하기까지 했습니다. 그 이후로 나 같으면 손을 든 분들에게 강사로서 뭐라고 말했을지를 많이 생각하게 되었습니다.

말이 폭력이 될 수도 있습니다. 단지 상징적인 의미가 아닙니다. 언어 폭력을 당한 사람의 뇌는 육체적인 폭력을 당한 사람의 뇌와 똑같은 반응을 보인다고 합니다. 상대적으로 지위가 우위에 있는 사람의 말은 더 위력이 클 수밖에 없습니다. 조직에서 리더가, 가정에서 부모가, 모임이나 공동체에서 리더가 한 말은 본인이 생각하는 것 이상으로 상대방에게 강하게 전해진다는 것을 알아야 합니다. 자칫 word(말)는 sword(칼)가 될 수 있기 때문입니다.

마셜 로젠버그 박사가 창시한 비폭력 대화는 기본적으로 배려와 존중을 담고 있습니다. 자신의 의도와 달리 배려와 존중이 담기지 않은 말은 폭력이 될 수도 있습니다. 배려와 존중을 바탕으로 비폭력 대화법을 사용한다고 하면 무조건 부드럽고 친절하고 상냥하게 말하는 것을 떠올릴 수 있습니다. 과연 위계와 규범이 명확한 조직에서 적합한 화법인가 의문이 들기도 합니다.

　　비폭력 대화는 먼저 이런 선입견들을 제거해야 비로소 제대로 익힐 수 있습니다. 생각보다 배우기가 쉽지 않을 수 있음을 먼저 말씀드립니다. 배우고 이해한다고 적용하기도 결코 쉽지 않습니다. 의지와 노력으로 꾸준히 연습해야 가능해집니다. 그동안의 오랜 습관에서 벗어나 새롭게 시도하는 평화적인 소통이 그렇게 만만하겠습니까?

　　비폭력 대화의 네 가지 핵심 구성 요소가 있습니다. 바로 관찰 – 감정 – 욕구 – 부탁입니다. 단어 하나하나는 그다지 어렵지 않게 보이지만, 각각의 본질적인 의미를 온전히 이해하지 못하면 사용하기 힘듭니다. 비폭력 대화를 통해 리더는 자신의 이 네 가지 요소를 구성원에게 솔직하게 전할 수 있고, 다른 한편으로는 리더로서 구성원의 이 네 가지 요소에 공감하게 될 것입니다.

앞에서도 여러 사례를 통해 상대방의 이야기에 평가나 판단을 하지 않을 것을 권해드린 바 있습니다. 비폭력 대화의 첫걸음은 판단하지 않고 사실만 그대로 표현하는 것입니다. 그런데 그 첫걸음을 떼기가 무척 어렵습니다. 우리의 언어 습관과 생각이 그만큼 비폭력 대화법과 많이 다르기 때문입니다.

우리는 무의식적으로 판단의 말을 하고 있습니다. 자신의 말이 판단인지 아닌지 자체를 구분하기 어려운 지경입니다.

"늦은 밤에 저렇게 큰 소음을 내면 어쩌자는 거야, 생각이 있는 사람들 맞아?"(X)
"11시가 넘었는데 1시간 동안 세탁기를 사용하네."(O)

위의 두 문장을 비교하면 차이가 있습니다. 하나는 판단이 들어간 문장입니다. 늦은 밤에 세탁기를 사용해서 아랫집에 불편을 준 것이 잘했다는 의미가 아닙니다. 그냥 보고

들은 대로 상황만 묘사하는 것이 좋습니다, 마치 CCTV를 보듯이 말이지요. 나의 주관적인 평가나 판단을 감정까지 섞어서 표현하는 습관이 있는 경우에는 매우 힘든 단계일 것입니다. 하지만 이 단계를 올바르게 통과해야 다음 단계로 이동할 수 있습니다.

두 번째 단계는 자신의 감정을 말하는 것입니다. 첫 단계에서 관찰한 대로 잘 말했더라도 그것만으로는 완성이 안 됩니다. 관찰한 상황에 대한 감정과 느낌을 말해야 합니다. 이렇게 관찰과 감정이 같이 전달되어야 상대방이 잘 알아듣습니다. 관찰만으로는 상대방이 공격하거나 비난하는 것으로 오해하게 만들 수도 있습니다.

"자기 퇴근 시간만 칼같이 지키는 무책임하고 이기적인 사람이네."(X)

"업무 마감이 안 된 상태로 퇴근을 하면 일정에 차질이 생길까 봐 불안하네."(O)

일반적으로는 자기 퇴근 시간만 챙기는 사람을 얌체 같은 이기적인 사람이라고 말하지만 그것은 내 생각일 뿐입니다.

비폭력 대화의 두 번째 단계는 주관적인 생각이나 판단이 아니라 나의 느낌과 감정을 말하는 것입니다. 그것도 구체적인 감정을 표현해야 합니다. 그래서 분노 다스리기에서도 언급한 감정 단어를 많이 알아두면 도움이 됩니다.

비폭력 대화에서의 감정 단어는 두 종류로 나뉩니다. 욕구가 충족되었을 때와 욕구가 충족되지 않았을 때로 나뉘는 것입니다. 단순히 긍정적 감정과 부정적 감정이라고 하지 않고 욕구의 충족 여부에 따라 나누고 있음에 주목하기 바랍니다.

이 대화법에서는 욕구의 충족 여부를 그냥 지나치지 말고 세심하게 알아주고 보듬어주는 것이 중요합니다. 특히 부정적 감정은 욕구가 충족되지 않았음을 말해줍니다. 그러니까 그런 감정은 더욱 신경을 써주어야 합니다.

욕구가 충족되었을 때의 감정

고맙다 / 벅차다 / 즐겁다 / 황홀하다 / 생기가 돈다 / 만족스럽다 / 평온하다 / 후련하다 / 자랑스럽다 / 든든하다 / 희망차다 / 뭉클하다 / 개운하다 / 여유롭다 / 푸근하다 / 감동적이다 / 통쾌하다 / 상쾌하다 / 산뜻하다 / 짜릿하다 / 흥분된다 / 두근거린다 / 열정적이다 / 자신 있다 / 친근하다 / 행복하다 / 고요하다 / 당당하다

욕구가 충족되지 않았을 때의 감정

걱정된다 / 암담하다 / 무섭다 / 두렵다 / 우울하다 / 무기력하다 / 지루하다 / 심심하다 / 어색하다 / 질린다 / 답답하다 / 허무하다 / 울화가 치민다 / 억울하다 / 서운하다 / 불편하다 / 역겹다 / 신경질 난다 / 혼란스럽다 / 조바심 난다 / 맥빠진다 / 초조하다 / 귀찮다 / 약오른다 / 짜증 난다 / 쑥스럽다 / 절망스럽다 / 괴롭다

갑자기 강의가 취소되면 신경질이 나기도 하지만 가끔은 안도감이 들기도 합니다. 같은 상황인데 다른 감정이 생기다니, 이상한 일입니다. 친구와 만나기로 약속했다가 갑자기 취소 통보를 받아도 비슷한 경우가 있습니다. 왜 그럴까요? 그것은 상황에 따라 욕구가 다르기 때문입니다. 약속이 취소되어 신경질이 나는 것은 수다를 떨며 스트레스를 풀고 싶은 욕구가 채워질 수 없기 때문이고, 반대로 기분이 좋은

것은 야근으로 피곤한데 마침 쉴 수 있게 되었기 때문입니다. 나에게 지금 필요한 것이 나의 욕구입니다.

"나는 업무 일정을 잘 지켜서 고객의 신뢰를 받고 싶어."(욕구)

세 번째 단계인 욕구까지 잘 표현하게 되면 이제 해결 방법을 같이 찾아야 합니다. 대립적인 관계가 아니라 파트너가 되어 대화를 해야 하는 것이지요. 그리고 마지막 단계로 부탁을 하면 됩니다. 그런데 애매하고 부정적인 부탁은 상대방의 마음을 열지 못합니다. 구체적이고 긍정적이며 권유형으로 말해야 훨씬 효과적입니다.

"제발 주말에 등산 좀 그만 가라, 이 인간아."(X)
"일주일에 한 번은 같이 있고 싶은데 토요일은 나하고 지내면 어때?"(O)

비폭력 대화를 배우려면 의지와 끈기가 필요합니다. 그리고 이왕이면 관련 강의나 책을 많이 참고하는 것이 좋습니다.

리더는 자신의 말에서 폭력을 빼야 합니다. 일방적인 판
단과 평가의 말은 곧 폭력입니다. 리더가 자신의 말을 관리
하지 못하면 다른 것도 소용이 없게 됩니다. 양광모 시인의
말마따나 감투로 신분을 알고, 말투로 인격을 알 수 있는 것
입니다.

가수 윤종신 씨가 어느 예능 방송에서 이렇게 말했습니다.

"내가 노래를 엄청 잘하는 가수는 아니잖아. 솔직히 박효신 급은 아닌 거 세상이 다 알고. 그럼 어쩌겠어. 가사라도 잘 써야지. 내가 좋아하는 거 계속하려면 잘하는 방법을 찾아야 하거든."

진짜 긍정은 근거 없는 낙관이 아니라 현실을 받아들이는 것이라고 했던 말, 그리고 할 수 있는 일에 집중하는 것이라는 말을 기억하시나요?

최근에 배우 김혜수 씨도 인터뷰에서 비슷한 말을 했습니다. 아역 배우로 시작해서 평생 주인공 전문 배우라는 별칭

이 있을 정도인데 40대 중반에야 깨달았다고 합니다, 자신은 연기력이 딱 20% 정도 부족한 수준의 배우라는 것을. 2017년 연말 모임을 마치고 집에서 혼자 〈밀양〉이라는 영화를 보면서 배우는 저런 분들이 해야 한다고 느꼈다고 합니다. 그래서 스스로를 대견하다고 토닥였다고 합니다. 이 정도 실력으로 여기까지 오느라 애썼다고 말이지요.

말이 나온 김에 윤종신 씨의 〈지친 하루〉 가사를 일부 나누고 싶습니다. 굳이 제가 의미를 분석하거나 덧붙이지 않겠습니다. 그냥 음미해보세요.

비교하지 마 상관하지 마 누가 그게 옳은 길이래
옳은 길 따위는 없는 걸 내가 택한 이곳이 나의 길
부러운 친구의 여유에 질투는 하지 마 순서가 조금 다른 것뿐
딱 한 잔만큼의 눈물만 뒤끝 없는 푸념들로 버려줄래 그날이 올 때까지

마음의 중심을 잃지 않는 단단함과, 공감과 존중을 담은

품격의 언어를 품은 리더가 그립습니다. 더 좋은 리더의 언행으로 구성원을 지지하고 이끄는 리더가 절실한 시대입니다. 자리가 사람을 만든다고 하지만 갑질은 자리가 아니라 사람이 합니다. 어떤 자리냐가 아니라 어떤 리더냐가 중요합니다. 멋진 말을 하는 리더가 아니라 멋진 삶을 사는 리더가 필요합니다.

모두가 인정하는 맛집은 음식만 맛있는 것으로는 부족합니다. 반찬도 맛있어야 합니다. 문득 그 반찬이 생각나서 가고 싶은 맛집이 진짜입니다. 실력만으로 리더가 되는 세상은 지났습니다. 리더의 절반은 소시오패스라는 말이 먹히는 사회는 희망이 없는 세상입니다.

시인 박두순의 〈상처〉라는 시를 이 세상의 모든 리더분들께 보내드리며 글을 마칩니다.

나무줄기를 따라가 보면 상처 없는 나무가 없다
(중략)
흔들린 만큼 시달린 만큼

높이와 깊이를 가지는 상처

상처를 믿고 맘놓고 새들이 집을 짓는다

상처를 믿고 꽃들이 밝게 마을을 이룬다

큰 상처일수록 큰 안식처가 된다

말 잘하는 리더?
잘 말하는 리더!

1판 1쇄 펴낸날 2024년 1월 16일

지은이 민승기

펴낸이 나성원
펴낸곳 나비의활주로

책임편집 권영선
디자인 BIG WAVE

주소 서울시 성북구 아리랑로19길 86
전화 070-7643-7272
팩스 02-6499-0595
전자우편 butterflyrun@naver.com
출판등록 제2010-000138호
상표등록 제40-1362154호
ISBN 979-11-93110-22-5 03320